TATIANA MACHADO BOULHOSA

POLITEÍSMO

Lafonte

Brasil · 2021

Título – Politeísmo

Direção Editorial **Ethel Santaella**
Organização e Revisão **Ciro Mioranza**
Diagramação **Demetrios Cardozo**
Imagem de capa **Inga Maya / Shutterstock**

Dados Internacionais de Catalogação na Publicação (CIP)
(Câmara Brasileira do Livro, SP, Brasil)

Boulhosa, Tatiana Machado
Politeísmo / Tatiana Machado Boulhosa. -- São Paulo : Lafonte, 2021.

ISBN 978-65-5870-138-5

1. Politeísmo 2. Religião - História 3. Religiões I. Título.

21-71893 CDD-211.32

Índices para catálogo sistemático:

1. Politeísmo 211.32

Cibele Maria Dias - Bibliotecária - CRB-8/9427

Editora Lafonte
Av. Profª Ida Kolb, 551, Casa Verde, CEP 02518-000, São Paulo-SP, Brasil - Tel.: (+55) 11 3855-2100
Atendimento ao leitor (+55) 11 3855- 2216 / 11 - 3855 - 2213 – atendimento@editoralafonte.com.br
Venda de livros avulsos (+55) 11 3855- 2216 – vendas@editoralafonte.com.br
Venda de livros no atacado (+55) 11 3855-2275 – atacado@escala.com.br

Impressão e Acabamento
Gráfica Oceano

ÍNDICE

UMA QUESTÃO DE ESCOLHAS E DE TERMOS

Politeísmo é um termo guarda-chuva utilizado para indicar todas as crenças que se desenvolvem em torno de um panteão, ou seja, em torno de múltiplos deuses. As religiões politeístas são, portanto, aquelas que acreditam que existem divindades diferentes, com responsabilidades distintas. Dentro dessas religiões há diferentes compreensões do divino e da natureza da relação dos seres humanos com os deuses.

O politeísmo pode ser observado em todos os continentes do mundo, em praticamente todos os tempos cronológicos. De fato, seria verdadeiramente impossível realizar um apanhado de todas as religiões politeístas que já existiram e que ainda existem. Assim, sempre que nos aventuramos no tema, precisamos fazer escolhas e recortes. *O que é politeísmo* fez a opção de focar nas religiões da antiguidade e da Idade Média, no Oriente Próximo e na Europa ocidental.

Dessa maneira, começaremos nossa discussão escolhendo a região entre os rios Tigre e Eufrates, no atual Iraque, a antiga Mesopotâmia. Veremos como diferentes povos, que por lá estiveram, organizaram diferentes sociedades, com suas crenças, cultos e práticas próprias. Depois, ainda no Crescente Fértil, vamos seguir para o Egito Antigo e para o Império Persa, procurando entender as expressões religiosas dessas civilizações com relação à construção da figura do Faraó e do Imperador e como rituais e símbolos ligados aos deuses permeavam o cotidiano.

No continente europeu, Grécia e Roma nos levarão a discutir as fronteiras entre o público e o privado na crença e na prática religiosa. Então, nos voltaremos para os celtas e para os vikings e como esses dois povos – que se encontravam no Mar do Norte, particularmente na Irlanda – levaram consigo seus deuses quando atravessaram o continente, desbravaram os mares e conquistaram diferentes terras. Por fim, nos perguntaremos sobre os motivos que decretaram o fim dessas experiências religiosas politeístas e discutiremos a forma como o mundo contemporâneo consome as religiões dessas sociedades, transformando-as em filmes, séries, livros, desenhos animados e *games*.

Esperamos com isso despertar a curiosidade para organizações tão distintas quanto fascinantes, ajudando o leitor a construir um panorama do que foi o politeísmo na Antiguidade e na Idade Média e como algumas dessas religiões surgiram, se organizaram, se espalharam e, por fim, deixaram de existir. Antes disso, porém, precisamos falar um pouco sobre termos, conceitos e palavras que encontraremos ao longo deste pequeno volume.

Já explicamos o primeiro deles no parágrafo inicial e que constitui o próprio título deste livro, ou seja, **politeísmo**. De origem grega, o termo indica religiões que acreditam em vários ou muitos (*poli*) deuses (*théos*). Na outra ponta do espectro está o **ateísmo**, ou seja, a não crença em deuses. O ateísmo pode ser a negação total e categórica da divindade – noção conferida a quem se alinha a uma filosofia materialista e acredita que só existe aquilo que podemos ver e tocar – ou ainda uma crença religiosa que não passe pela existência de um ou mais deuses, mas sim, de forças, energias ou espíritos. Há quem diga que o Budismo, por exemplo, é uma religião ateia, visto que Buda, o Iluminado, não é exatamente um deus, mas um exemplo a ser seguido. Mas deixaremos essa discussão para outro volume dessa coleção.

Entre o politeísmo e o ateísmo está o **monoteísmo**, a crença em um único deus. Tradicionalmente, associamos o monoteísmo ao judaísmo, ao cristianismo e ao islã, que são, de fato, as três religiões abraâmicas mais importantes. Não podemos, contudo, esquecer a *Fé Baha'i*, que se autodenomina a quarta religião monoteísta; e, mais adiante, veremos o zoroastrismo, religião persa que algumas pessoas entendem que tenha sido monoteísta. Aliás, é também o zoroastrismo que nos leva a mais uma categoria, sobre a qual vamos discorrer, que é o **dualismo**, ou seja, a crença em dois deuses; normalmente, um que representa o bem e outro que representa o mal.

Além dessas quatro categorias, precisamos mencionar também o **animismo**, que representa crenças baseadas nas forças da natureza. Religiões animistas cultuam árvores, formações rochosas, ventos, relâmpagos etc. Muitos povos nativos da América, por exemplo, tinham religiões animistas, que podiam ou não personificar essas forças da natureza, quer dizer, podiam ou não dar um nome e atributos, que costumam ser humanos, para manifestações não humanas. "Os Mbuti da África, por exemplo, consideram a floresta como a fonte sagrada da morte e da vida. As religiões animistas incluem frequentemente *xamãs*, figuras carismáticas que se acredita que possam comunicar-se com espíritos e influenciá-los" (JOHNSON, 1997, p. 17).

É importante dizer aqui que, embora os xamãs sejam associados às religiões animistas, não estão presentes apenas nelas. "O xamanismo não é propriamente uma religião, mas um conjunto de métodos extáticos e terapêuticos, cujo objetivo é obter o contato com o universo (...) invisível dos espíritos e [seu] apoio (...) na gestão dos assuntos humanos" (ELIADE e COULIANO, 1998, 267). Sobrevivem práticas xamânicas não apenas entre povos autóctones, que lutam pela manutenção de suas crenças, mas também em outros espaços; por exemplo, no catolicismo popular brasileiro ou na Coreia, onde a prática está bastante ligada às mulheres e tem um caráter protetivo e divinatório e não se atrela a nenhuma estrutura religiosa específica.

Durante muito tempo, os teóricos da História das Religiões propuseram que teria havido uma espécie de processo evolutivo nas religiões, que teriam começado animistas, teriam evoluído para o politeísmo, dali para o dualismo (embora não necessariamente), chegando, finalmente, ao monoteísmo. Essa leitura vem caindo em desuso hoje em dia, porque traz uma premissa de superioridade do monoteísmo sobre outras formas de crer, o que está ligado, normalmente, a uma leitura etnocêntrica, ou seja, marcada pelo ponto de vista cultural de quem propõe a explicação. Além disso, como sugere Seth D. Kunin, em seu livro *Theories of Religion* (2011), estudos etnográficos não nos trouxeram nenhum dado empírico que sustente essa proposta.

Nas religiões em que existem deuses, estes podem ser representados de três formas diferentes. Como vamos falar sobre cada uma delas neste livro, convém defini-las. A primeira representação é feita sob a forma de homem (pense em Zeus ou Odin); esses são os deuses **antropomórficos**. A segunda é feita sob a forma de animais, os deuses **zoomórficos**, como o touro Ápis, no Egito. Por fim, existem aqueles deuses, como o assírio *Sedu*, que não estão nem lá, nem cá, são seres humanos e animais: são os deuses **antropozoomórficos**.

Outras duas categorias importantes dizem respeito à crença ou não na vida após a morte. Algumas estruturas religiosas entendem que a morte de uma pessoa, de seu corpo, é o fim da vida e da própria existência. Não há uma alma que permaneça eterna, seja num plano superior (ou inferior), seja num ciclo de reencarnação. Essas religiões são chamadas de **terrenas**. As religiões **extraterrenas**, por sua vez, são aquelas que acreditam que a vida presa ao corpo material é apenas um estágio e que vamos ter, no além e além dessa vida, outras existências.

Veremos que a religião dos mesopotâmicos parece ter sido terrena, o que tem implicações, por exemplo, com a maneira como eles lidavam com os enterramentos; já os vikings, por sua vez, acreditavam que havia vida após a morte e que a recompensa estava atrelada diretamente à maneira como a vida material se encerrava: em batalha ou em tempos de paz.

Além da noção da boa morte, ou seja, daquela morte desejada, porque implica em recompensas imediatas, o destino das almas depois da morte, para as religiões extraterrenas, está intimamente ligado à compreensão de que há ou não noção de bem e de mal na estrutura da leitura do mundo. Religiões que entendem que existem essas duas categorias e que entendem a busca do bem, como um objetivo para o indivíduo, são religiões **éticas**; já religiões que abordam o comportamento do mundo e dos seres humanos pelo prisma do equilíbrio da natureza são chamadas de **naturais**. Os egípcios tinham crenças profundamente éticas, como veremos, pois acreditavam que as pessoas passavam por um rigoroso julgamento depois que morriam e que só poderiam ser recompensadas se, na balança da justiça, seus corações fossem mais justos que as penas. Já os mesopotâmicos, por exemplo, para os quais não havia vida após a morte, não entendiam que o comportamento que busca o bem fosse necessário, uma vez que não há recompensa.

Também aparecem, ao longo do texto, as noções de **religião étnica** e de **religião universal**. A religião étnica é aquela que está ligada a um determinado povo e cuja prática depende da pertença ao grupo étnico em questão. Veremos que, por exemplo, o zoroastrismo, surgido na Pérsia e hoje praticado na Índia, entende-se dessa forma e por isso prefere os casamentos endogâmicos (dentro da própria comunidade). As religiões universais, por sua vez, são aquelas que admitem conversão e que têm por vocação espalhar-se pelos territórios em que chegam. A religião romana, nesse sentido, é universal, bem como híbrida, na medida em que não apenas aceita a conversão para ela própria como também pratica a conversão para a crença do outro, que passa a fazer parte de sua própria crença, ainda que marcada por características que não são mais as originais, mas resultado do contato realizado.

Outro termo importante a abordar é o das religiões **messiânicas**. São aquelas que acreditam na chegada de um messias, um salvador, alguém que venha para lutar do lado do bem ou para ajudar a humanidade de alguma forma. É muito comum, mas não obrigatório, que essas religiões sejam **escatológicas**, ou seja, que acreditem no fim do mundo. Religiões escatológicas podem ser cíclicas, ou seja, podem entender que o mundo termina e recomeça de alguma maneira, ou podem ser lineares, o que significa que o mundo termina e depois dele vem uma nova organização pautada pela interação de deus ou dos deuses que escolhe(m) quem estará de seu lado e quem não estará. Os vikings tinham crenças escatológicas claras, com a espera do Ragnarök; não tinham, contudo, uma leitura realmente messiânica, como é o caso, por exemplo, do judaísmo e do cristianismo.

De modo geral, quem transmite essas crenças para os seguidores ou fiéis são os **sacerdotes**, outra categoria de agentes que precisamos levar em consideração. Sacerdotes exercem, nas diferentes religiões, diferentes papéis. Existem aqueles cujo papel é exclusivamente ritualístico e privado; mas há também aqueles que estão intimamente ligados ao Estado e exercem sua função de maneira pública. Há ainda sacerdotes que estão ligados a questões políticas e que participam da administração das sociedades em que estão inseridos; e há outros que ficam retirados da sociedade. Nem todos são considerados como figura sagrada, mas todos interagem dentro dessa esfera, na medida em que suas funções implicam certa proximidade com o divino. Por fim, para que possamos analisar as religiões politeístas, convém definir o que são **entidades**. Normalmente, usamos o termo quando nos referimos a seres que não são deuses, mas que transitam no supraterreno, ou seja, que são, de alguma forma, não materiais e que se inserem nos ciclos divinos. Estamos falando de gênios, espíritos, demônios, semideuses, fadas, *trolls* etc.

Espero, enfim, que agora o leitor possa seguir com mais segurança e tranquilidade nossas descrições. Se dissermos, pois, que uma religião é monoteísta, extraterrena, ética, messiânica e escatológica, sabemos que se trata de uma crença baseada em um único deus, que decreta que existe vida depois da morte, que há bem e mal, que um salvador virá para ajudar no combate do bem contra o mal e que, por fim, chegará, em algum momento, o fim do mundo.

OS POVOS DA MESOPOTÂMIA

Chamamos de Mesopotâmia a região que se situa entre os rios Tigre e Eufrates e que hoje corresponde, grosso modo, ao Iraque. Foi nessa região, que viveram diversos povos importantes, como sumérios, arcádios, amoritas, caldeus e assírios. Foi também ali (como às margens do Ganges e do Han) que surgiram as primeiras cidades, os primeiros assentamentos, fruto da sedentarização dos seres humanos, milhares de anos atrás e, sabemos hoje, foi lá também que surgiram os primeiros registros escritos.

A escrita cuneiforme, ou seja, aquela feita com o uso de várias formas de cunha, apareceu entre os sumérios e, em seguida, foi adotada por diversos povos da Mesopotâmia, bem como fora dela. Os povos da região utilizavam tabletes de argila para registrar seus textos e muito do que escreveram se perdeu com o tempo; mas, ainda assim, temos considerável acesso a documentos materiais, como monumentos, esculturas e relevos, que trazem inscrições. Além disso, no final do século XIX, escavações trouxeram à luz a Biblioteca de Nínive, um repositório assírio de milhares de tabletes mesopotâmicos, que contribuiu grandemente para o processo de decifração da escrita, bem como para o aprofundamento dos conhecimentos sobre essa sociedade.

Ur, possivelmente a cidade mais antiga do mundo, assim como o surgimento da escrita cuneiforme, datam mais ou menos do ano 4000 a.C. Costumamos usar essa data como marco do início da História da Mesopotâmia e, como marco final desse período, indicamos, por convenção, o ano de 539 a.C., quando os assírios, então hegemônicos na região, foram derrotados e assimilados pelos persas, sobre os quais vamos discorrer um pouco mais adiante.

Nesse meio tempo, como vimos, foram encontrados muitos registros e, desde o final do século XIX, muitos estudos e reflexões foram desenvolvidos sobre como era a vida desses homens e dessas mulheres. Dentre os temas estudados, esteve, obviamente, o da religião: afinal, em que criam os antigos povos da Mesopotâmia? Antes de entrarmos nesse tema, é preciso entender que, aqui, como irá acontecer de novo na Pérsia e, em certa medida, em Roma, estamos falando de um espaço geográfico em que diversos povos diferentes conviviam, o que significa que havia também diferentes formas de crença. Havia, contudo, algumas características comuns na fé desses diferentes grupos, talvez por causa de seus contatos, talvez como resposta estratégica para a busca da uniformidade política que alguns dos povos empreenderam, nominalmente os assírios, que tentaram unificar, através da conquista militar, a Mesopotâmia. Em outras palavras, o que queremos dizer é que, se colocarmos os povos da região sob as lentes de um microscópio, provavelmente vamos encontrar mais diferenças e particularidades do que aparecem aqui, o que não significa, por outro lado, que esse quadro geral de linhas que procuraremos pintar a seguir não seja também válido. A sociedade, afinal de contas, se constrói na intersecção entre o particular e o geral.

A Mesopotâmia era uma sociedade politeísta e seus vários deuses, depois de ser originalmente associados às próprias forças da natureza, passaram a ser representados por mais de uma maneira. Esses deuses podiam ser antropomórficos ou antropozoomórficos e não sabemos os nomes de muitos deles. Não há um texto específico de religião mesopotâmica que nos guie em nossas afirmações e, portanto, o que sabemos, vem, como dissemos, de outros textos e de vestígios materiais. Parte desses fragmentos de textos e de monumentos nos indica que os mesopotâmicos, quando rezavam, costumavam focar em suas vidas materiais, em pedidos por vidas longas, muitos filhos e por filhos saudáveis. Essa falta de preocupação explícita com o que aconteceria com eles depois da morte sustenta a leitura de que a religião, na Mesopotâmia, se caracterizava como terrena, ou seja, ligada a esta vida.

Outro indício, que corrobora (ou, pelo menos, dá um pouco mais de corpo) a essa tese, é o fato de que não parece ter havido, na Mesopotâmia, grandes preocupações com os enterramentos. Quando analisamos outras sociedades, como a do Egito, da Grécia e até mesmo a dos Vikings, percebemos que havia todo um conjunto de regras e de símbolos envolvidos na relação com o corpo falecido, particularmente do de chefes, sacerdotes e generais. Pirâmides, túmulos suntuosos e piras funerárias aparecem em vários relatos e, de fato, como manifestação material em muitos casos. Mas não na Mesopotâmia. Por lá, ao contrário, há poucas cerimônias ligadas aos enterramentos e, em mais de um sítio arqueológico, os mortos foram encontrados enterrados debaixo das casas, o que parece ligar aquela vida à ancestralidade, mas não, necessariamente, a uma passagem para outra vida ou a algum tipo especial de pós-vida.

Parece que havia, porém, uma identificação importante entre os deuses e os astros. Dentre os povos que viveram na região, foram os caldeus que melhor estabeleceram essa relação. Eram exímios leitores dos movimentos dos astros e os identificavam com os desejos divinos, o que nos permite classificar a religião da Caldeia (se não de toda a Mesopotâmia), como uma religião astral. É interessante notar como, nesse período, parece haver pouca distinção entre a astronomia e a astrologia e como, até hoje, este é um espaço de disputa enquanto objeto de estudos. Claro, compreendemos que se trata de campos do conhecimento diferentes e que, enquanto a astronomia está sob o guarda-chuva da ciência, a astrologia interage muito mais com o campo das crenças, mas, mesmo assim, ainda existem muitas pessoas que, influenciadas pela milenar prática de associar aos astros narrativas coerentes e sobrenaturais, defendem que a astrologia deve ser vista como uma forma de conhecimento mais científico do que religioso. Independentemente do resultado dessas discussões, que não podemos prever, podemos ver nelas a permanência (ao menos simbólica) das relações que já se construíam naquela época.

Mas voltando à religião da Mesopotâmia, vamos falar um pouco sobre seu panteão. Panteão é o nome que se dava, na Grécia Antiga, aos templos não consagrados a nenhuma divindade específica, ou seja, aos templos em que todos os deuses podiam ser louvados. Também é o nome que damos ao conjunto de deuses de uma religião específica e, no presente caso, estamos usando a palavra nesse sentido.

O panteão mesopotâmico era composto por deuses que eram classificados de maneira bastante hierárquica e rígida. Havia deuses e deusas ligadas à criação (do mundo, das plantas, dos animais e dos seres humanos) e esses deuses e essas deusas estavam no topo da hierarquia. Eram considerados mais importantes e mais dignos de adoração do que seus filhos, que eram muitos, na casa das centenas e que correspondiam a um sem fim de aspectos da vida cotidiana das pessoas. Não havia praticamente aspecto do dia a dia de um homem ou de uma mulher comum, na Mesopotâmia, que não estivesse conectado à "esfera de ação" de um(a) deus(a):

cozinhar, lavrar, pastorear, sentir frio ou calor, saciar-se, negociar, dançar – tudo correspondia a um lugar divino específico.

Os deuses e as deusas criadores(as) e seus filhos, contudo, eram considerados demasiadamente distantes pelos habitantes da Mesopotâmia. Para eles, essas divindades estavam tão além daquilo que poderia ser compreendido pela humanidade que nem que eles quisessem, poderiam interferir em nossos assuntos. Então, embora os louvassem, não era com esses deuses que estabeleciam os contatos mais próximos em suas preces e nas tarefas do dia a dia, mas sim com outra categoria de divindade, compreendida como a dos deuses pessoais, que cuidavam de cada um, orientando, dando conselhos e ajudando a mitigar as inseguranças da vida; além disso, também indicavam (através das adivinhações feitas pelos sacerdotes) se uma pessoa teria ou não boa fortuna na vida.

Destacamos, dentro desse imenso panteão, alguns nomes mais significativos, ligados à criação: *An*, o céu (o pai); *Shamash*, o deus do sol; *Inana* (*Ishtar*), deusa-mãe; *Nana* (ou *Sin*), deus da lua e *Enlil*, das tempestades. Tamanha era sua importância e seu poder, que esses deuses aparecem, ao longo dos séculos, em várias instâncias de registro, com várias atribuições e, inclusive, com outros nomes – o que também implica na busca por uma unidade cultural, sobre a qual falamos há pouco.

> À testa do panteão estava *An*, o céu, pai dos deuses, cujo nome é ao mesmo tempo símbolo do céu e

> da divindade. (...) Papel mais ativo de chefe da assembleia divina cabia a *Enlil*, cujo templo principal ficava no centro religioso de Nipur. Quase todos os deuses afinal conquistariam uma esposa, mas a Grande Deusa mesopotâmica era *Inana*, que os acadianos assimilaram a *Ishtar*. Importante em grande número de mitos, ela era o planeta Vênus e seus domínios eram a fertilidade, o amor e a guerra. Seu pai era o deus lunar *Nana* (*Sin*) e seu irmão, o deus solar *Utu* (*Shamash*). *Enki* (*Ea*) é o astucioso deus da água de irrigação que ajudou os homens a criar técnicas e a sobreviver ao grande dilúvio enviado para eliminá-los. *Dumuzi* (*Tamuz*) é o deus da fertilidade e do crescimento de certos animais e de certas plantas em diversos mitos; desempenha o trágico papel daquele que morre jovem. *Nergal* tornara-se, por aliança, o deus do mundo infernal (ELIADE e COULIANO, 1999, 232).

Além dos deuses criadores, de seus filhos e dos deuses pessoais, existiam também, na Mesopotâmia, deuses que estavam ligados às cidades. Eles protegiam a cidade, bem como a inspiravam em suas vocações e compunham parte da narrativa dos conflitos bélicos em que se envolvia. Quer dizer, se uma cidade entrasse em conflito com outra, a vitória ou a derrota dependia, para os mesopotâmicos, tanto do resultado do campo de batalha quanto da forma como os deuses de cada cidade haviam sido cultuados e quanto eles estavam felizes ou não com sua cidade protegida. Também era possível (e acontecia) haver construções de narrativas que falavam sobre um deus ligado a uma cidade que era simplesmente mais poderoso do que o deus de outra cidade e que essa superioridade era creditada, na narrativa, como motivo da vitória.

Dentre esses deuses ligados às cidades, destacamos *Marduk*, deus de Babilônia, provavelmente a cidade mais conhecida da Mesopotâmia e que mais aparece em nosso imaginário. Além desse, temos o touro (ou leão) alado dos assírios, conhecido como *Sedu*, quando em sua versão masculina, e como *Lamassu* (*Lamu* ou *Lama*) quando em sua versão feminina. *Sedu* e *Lamassu* são divindades tutelares (cuidam dos assírios) e são retratados como touros (ou leões) com asas e cabeças humanas. Eles aparecem em grandes monumentos e na entrada das cidades conquistadas pelos assírios como guardiões ou protetores.

Quando falamos em Babilônia, não podemos deixar de mencionar a prostituição sagrada que parece ter acontecido no templo de *Mylitta* (deusa associada, por Heródoto, famoso historiador grego, a Afrodite, deusa do amor e da beleza na Grécia), como forma de celebrar, de maneira ritualística, a fertilidade ou até mesmo o casamento divino. Ainda segundo Heródoto, as mulheres da Babilônia de todas as classes ou *status* convergiam para o templo em determinado momento de sua vida e lá se sentavam à espera de que algum estranho aparecesse e lhe oferecesse dinheiro em troca da cópula, que acontecia dentro do templo. Heródoto é bastante enfático ao dizer que as mulheres mais ricas levavam consigo todo um séquito de serventes, mas que a maior parte das moças que lá se encontravam, sentavam-se nas escadas do templo e esperavam. Não podiam recusar nenhuma oferta (fosse ela qual fosse; e a troca financeira era obrigatória) e somente quando haviam cumprido suas obrigações podiam retornar para suas casas.

É importante dizer que este não foi um ritual exclusivo de Babilônia e que há registros de prostituição sagrada em outros lugares. Além disso, a ideia de que essas transações tenham sido pensadas como uma forma de garantir dinheiro para os templos parece refletir uma leitura muito marcada pela moralidade cristã europeia do século XIX e inícios do século XX; hoje preferimos pensar em explicações mais ligadas, como dissemos, à ritualização da fertilidade. O tema ainda é relativamente pouco pesquisado e é possível, portanto, que no futuro tenhamos novidades, novas pesquisas que tragam mais luz e ensejem outras interpretações.

Ainda sobre as manifestações religiosas na Mesopotâmia, não podemos deixar de falar sobre a construção dos zigurates. Os zigurates eram grandes templos originalmente erguidos pelos sumérios, constituindo-se de construções maciças, com uma base retangular, sobre a qual se empilhavam plataformas de tamanhos decrescentes, que terminavam em cubos. Os zigurates eram decorados em alto relevo e eram dedicados aos deuses, tanto criadores, quanto a seus filhos, bem como aos deuses da cidade. Os deuses pessoais, por sua vez, eram cultuados em casa. Entre os caldeus, para quem os deuses estavam ligados aos astros, como dissemos, os zigurates serviam também como observatórios astronômicos.

Construções arquitetônicas impressionantes, os zigurates deixam também entrever o contato existente entre os povos da Antiguidade, uma vez que serviram de inspiração para as pirâmides egípcias, sobre as quais falaremos ao abordarmos o politeísmo no Egito. Por ora, porém, ficam como encerramento dessa reflexão que nos trouxe a uma região do mundo antigo repleta de deuses, uns mais distantes do que outros, templos grandiosos e astros que interferiam no dia a dia das pessoas, e sobre a qual, embora saibamos hoje mais do que sabíamos há 100 anos, muito ainda há para se conhecer. Esperamos que o leitor tenha ficado curioso e que, doravante, procure saber um pouco mais sobre a Mesopotâmia e sua religião, interessando-se pelas particularidades de cada um dos povos que nela habitaram e por suas diferentes manifestações culturais e artísticas, além daquelas especificamente religiosas, que procuramos, embora resumidamente, descrever neste breve capítulo.

KEMET: O EGITO ANTIGO

Quando falamos sobre a Mesopotâmia, mencionamos o registro do historiador grego Heródoto sobre a prostituição sagrada na Babilônia. Heródoto é até hoje uma fonte importante, não apenas sobre esse tópico, mas sobre muitos outros do mundo antigo, uma vez que escreveu seus textos a partir de suas viagens, de conversas com outros viajantes e, ao contrário do que fazemos hoje, a partir de um conjunto de valores de um mundo muito mais próximo dele cronologicamente do que de nós, que procuramos desvendá-lo hoje em dia.

É de Heródoto que vem a melhor definição do que foi o Egito Antigo, também chamado de *Kemet*. Disse ele: "O Egito é uma dádiva do Nilo". A frase, tão simples quanto complexa, não poderia ser mais verdadeira. O Império Egípcio se desenvolveu em uma região desértica ao norte da África, ao longo das margens do rio Nilo, cujas cheias fertilizantes garantiram o desenvolvimento da agricultura e da pecuária. O Nilo também serviu como fonte de água para seres humanos e animais,além de meio de transporte e de comunicação e ainda como meio de afirmação do poder do líder político egípcio, o Faraó.

A religião no *Kemet* era politeísta, transcendental, ética e extraterrena. Além disso, também era mitológica, ou seja, se organizava em torno de uma série de histórias fundadoras com presença divina; ensinava sobre fenômenos da natureza, virtudes e comportamentos a partir dessas histórias, os mitos. Tratava-se também de uma religião pública. O que queremos dizer com isso não é que as pessoas não tivessem suas crenças pessoais e que não mantivessem relações privadas com os deuses, mas que, enquanto instituição, a religião, no Egito Antigo, estava imbricada ou intimamente ligada à estrutura sócio-administrativa. De fato, o Faraó não era só um líder, não era sequer um representante dos deuses na terra, mas era, ele próprio um deus e sua atuação, bem como a dos sacerdotes em relação aos outros deuses, segundo criam, poderia garantir (ou não) a segurança e o bem-estar do povo egípcio.

Geralmente, dividimos a História do *Kemet* em três períodos diferentes: Antigo, Médio e Novo Império. São fases históricas separadas por períodos de caos político e de instabilidade econômica, marcadas por invasões estrangeiras; e, embora tenham características específicas, mantêm entre si algumas comuns, como o lugar do Faraó nessa estrutura. Se o Faraó era um deus e se as pessoas acreditavam que sua atuação influenciava a vontade dos outros deuses e, portanto, o destino da própria nação, será que se consegue imaginar o tumulto causado pelo Faraó Amenófis IV, que reinou durante o Novo Império, na 20ª dinastia, mais ou menos entre os anos de 1350 e 1330 a.C., quando tentou abolir o politeísmo e introduzir no país o monoteísmo centrado em torno da figura do deus *Aton*?

Se o leitor respondeu que o tumulto foi considerável, acertou. E não foram apenas as pessoas de *status* social mais baixo que se assustaram e que se levantaram contra Amenófis IV, que adotou o nome de Aquenaton (aquele que louva a *Aton*), e contra o próprio *Aton*. Entre os sacerdotes dos outros deuses, estavam aqueles que cultuavam *Rá* (ou *Amon-Rá*, uma junção entre *Rá* e seu irmão *Amon*, dependendo da fonte que se siga). Foram eles que articularam a queda de Amenófis IV e garantiram assim a manutenção da religião egípcia, politeísta.

Rá era o deus Sol no Egito. Uma das divindades mais importantes, era representado com uma cabeça de águia e o corpo humano, uma deidade antropozoomórfica. A cidade mais importante de culto a *Rá* era Heliópolis, onde esse deus era identificado também com a deidade local, protetora da cidade, *Atum*; tanto que, em alguns lugares, aparece mencionado como *Atum-Rá*. O deus *Rá* é considerado o responsável pela **pesedjete**, um conjunto de nove divindades ligadas entre si por laços sanguíneos e cujas histórias estão na base das crenças sobre a criação dos egípcios. Na história geradora de *Rá*, ou ao menos na versão que encontramos em Heliópolis e que, com o tempo se tornou a mais conhecida em todo o *Kemet*, no princípio o mundo seria apenas as águas de *Nun* (e sua contraparte feminina, *Nuenet*). Dessas águas primordiais teria emergido uma colina sagrada que teria gerado, por si própria, a *Rá*, cujo sêmen fertilizou o universo e criou o ar (*Chu*) e a umidade (*Téfnis*). Deles vieram a terra (*Geb*) e o céu (*Nut*). *Geb* e *Nut*, por sua vez, tiveram quatro filhos: *Osíris*, Ísis, *Seth* e *Néfitis*.

Embora esses deuses fossem reconhecidos em todas as cidades do Egito Antigo, sua importância variava e, em algumas localidades, outras divindades poderiam aparecer como mais relevantes. Não é incomum, por exemplo, encontrarmos deuses como *Tote*, deus do conhecimento, da sabedoria, da música e da magia, representado com uma cabeça de babuíno e o corpo de um homem. Outro nome que aparece com alguma frequência e que já citamos como exemplo em outro momento é o de *Anúbis*, com sua cabeça de chacal, deus dos mortos e do submundo, que guiava a alma dos falecidos para seu julgamento, presidido por *Maat*, deusa da verdade, da justiça, da retidão e da ordem, deusa antropomórfica, cuja referência animal é a pena de avestruz que carrega na cabeça.

Os egípcios cultuavam seus deuses em templos que variavam em tamanho e grandeza. Alguns são tão gigantescos quanto Luxor e Abu-Simbel, outros eram construções mais modestas. De qualquer forma, todos eles eram ricamente adornados e traziam em suas paredes relevos ou desenhos que retratavam as histórias daquele deus e a relação da humanidade com ele. Nos templos maiores, a estrutura era composta por um portão de entrada, guardado por dois blocos de pedra gigantescos, que recebiam o nome de pilones. Dentro do templo, encontrava-se primeiro uma espécie de pátio aberto, com colunas dos dois lados, a chamada sala hipetra, que, em geral, estava aberta a todos os egípcios. Depois da sala hípetra, havia outro espaço, conhecido como sala hipóstila, que também era um pátio ladeado por colunas, mas sobre elas repousava um teto. Nessa sala, transitavam sacerdotes, nobres, altos funcionários e militares graduados. A estátua do deus era exposta, de vez em quando, na sala hipóstila, mas sua verdadeira morada era a terceira parte do templo, o santuário, que era considerado um espaço mais "íntimo" e sagrado. Para os egípcios, o santuário era o aposto do deus ou da deusa em questão, não apenas simbólico, mas em termos reais e materiais também. Por causa disso, somente os sacerdotes iniciados nos mistérios da fé, e que tinham por responsabilidade cuidar daquele deus ou daquela deusa, eram admitidos nesse espaço.

Vimos que havia um deus que cuidava do mundo dos mortos (*Anúbis*) e conduzia suas almas; e uma deusa que os julgava (*Maat*). Isso nos indica que os egípcios acreditavam que corpo e alma eram instâncias distintas. De fato, esse era o caso. Chamavam ao corpo de ***ka*** e à alma de ***ba***. A alma, uma vez separada do corpo, precisava descer ao submundo. Veja a descrição que a autora Clarissa de Franco faz da jornada da alma egípcia, acompanhada de *Anúbis,* em seu livro *A Cara da Morte* (2010):

> Cruzavam monstros e inimigos, e caso sentissem medo e recuassem diante destas criaturas terríveis, seriam torturadas e devoradas. Depois da viagem com o barqueiro, eram submetidas ao Julgamento do Tribunal de *Maat* – deusa da Verdade. Esta possuía uma balança de dois pratos, sobre os quais colocava o coração do morto, de um lado, e sua pluma mágica, a pluma da verdade, do outro. Diante das autoridades, o morto deveria declarar que não cometera más ações em vida. No centro, estaria o deus *Anúbis*, que faria a pesagem: no prato, à direita, colocava-se o coração daquele que morreu, e no prato esquerdo era colocada a pena de *Maat*. *Toth*, também presente na cerimônia, anotava os resultados em um papiro. Caso houvesse um equilíbrio entre os lados, ou o coração fosse mais leve que a pluma, o morto recebia a graça da presença de *Osíris* e a possibilidade do céu, pois se constatava que ele contou a verdade sobre suas ações. Se, ao contrário, o coração fosse mais pesado que a pluma, estava traçada a desgraça. O Devorador entrava em ação, triturando os ossos, mastigando a carne e bebendo o sangue do morto (FRANCO, 2010, pp. 55-56).

Os egípcios acreditavam que, para aqueles, cuja alma tivesse sido considerada suficientemente leve, era também permitido o retorno ao corpo, como uma forma de visita. Por causa disso, os corpos precisavam ser preservados, cuidados e enterrados com referências e regalias que fossem familiares e confortantes à alma. Esse aspecto da religião egípcia levou-os a desenvolver as técnicas de mumificação e preservação do corpo.

É importante dizer que, por muitos séculos, a religião egípcia foi claramente dividida, ao menos em relação à possibilidade da existência e do cuidado para com a alma, entre o Faraó e os grupos sociais mais próximos dele e aqueles mais distantes. Durante muitas dinastias, o povo sequer teve direito à alma e, quando isso mudou, surgiram novos dilemas. Agora possuidores de alma, precisavam pensar com mais detalhes sobre como preservar seus corpos e garantir, dessa forma, um possível retorno tranquilo da alma. Mas, como fazer isso sem os recursos financeiros de faraós, nobres, escribas, generais e sacerdotes?

Pois bem, não é incomum encontrar corpos mumificados de maneira natural, por causa das condições climáticas, enterrados no deserto e enrolados em tecidos de linho e em papiro. Não é impossível que tenha sido uma tentativa deliberada de um enterramento mais barato. Outra solução foi o uso de substitutos para o corpo. Corpos de pessoas mais pobres podiam ser cremados e uma estatueta que representasse o morto poderia ser enterrada para servir de receptáculo à alma, caso ela desejasse voltar para uma visita. Muitos Faraós também foram enterrados com essas estatuetas, mas, no caso deles, elas representavam serventes que lhes garantiriam conforto ou soldados que os protegeriam.

A respeito dos túmulos dos Faraós, nobres, sacerdotes e pessoas muito ricas, cumpre salientar que eram de três tipos. O primeiro deles foi a mastaba, um termo de origem árabe que significa banco e que era, grosso modo, uma construção com formato de um tijolo gigante. Era mais utilizado durante o Antigo Egito, nas três primeiras dinastias. A partir da terceira dinastia, contudo, surgiu um novo modelo de túmulo, as pirâmides. Elas se dividem em dois tipos. O primeiro deles é a chamada pirâmide *zozer* ou pirâmide escalonada, que era uma espécie de sobreposição de mastabas decrescentes e que lembra muito os zigurates mesopotâmicos. Com a quarta dinastia, surgiram as chamadas pirâmides lisas ou perfeitas, que se tornaram, com o tempo, o maior símbolo dos enterramentos egípcios. As mais conhecidas são as pirâmides de Quéops, Quéfren e Miquerinos. Há ainda um quarto tipo de túmulo, mais comum a partir da 18ª dinastia, que propicia enterramentos subterrâneos, em câmaras escavadas nas rochas, chamadas hipogeus. Mastabas, pirâmides e hipogeus tinham divisões, não eram apenas túmulos.

Algumas dessas sepulturas tinham mais cômodos internos, outras menos, mas eram sempre de três tipos: capela funerária, *serdab* e câmara funerária. A capela funerária muitas vezes era construída do lado de fora do túmulo ou com uma entrada separada. Nessas capelas eram colocadas oferendas e também eram cultuados os mortos, enquanto antepassados. Lembrar os mortos era um ato importante para a religião egípcia, uma vez que o esquecimento era, para eles, um temor terrível - a ponto de ser uma punição para predecessores políticos: mesmo que seu antecessor ou inimigo já tivesse morrido, uma boa forma de demonstrar a força de seu poder era mandar apagar o nome dele das inscrições e proibir seu culto funerário.

O *serdab*, por sua vez, era o cômodo onde ficavam os bens do morto que poderiam servir-lhe de conforto, caso sua alma decidisse visitá-lo. Foi, também, ao longo dos milênios, o cômodo mais violado pelos saqueadores. Quanto mais rico fosse o morto, maior era o número de *serdabs* de seu monumento. Já a câmara funerária era o espaço onde estava o corpo em si, mumificado, dentro de um caixão de madeira e, se o falecido fosse suficientemente rico, esse caixão era inserido em outro, conhecido como sarcófago, no formato de sua imagem, feito em pedra e ricamente decorado, com todas as regalias que seu *status* podia lhe garantir.

Até hoje as pirâmides e os túmulos dos antigos faraós e nobres do Egito exercem grande fascínio na imaginação de todo mundo. As múmias levam milhões de pessoas aos museus todos os anos e as lendas em torno de suas descobertas perduram décadas e décadas depois de encerradas algumas escavações, sem contar no sem número de produções culturais midiáticas, entre filmes e séries de televisão, que foram produzidas em torno do tema da egiptologia. A forma de lidar com os mortos, a figura do Faraó, a extensão de seu poder, a riqueza das relações familiares entre os principais deuses do panteão egípcio são, possivelmente, as principais características dessa religião que continuou sendo praticada mesmo depois que o Faraó Psamético III foi derrotado pelo rei persa Cambises, no ano 525 a.C. Quando o Egito passou para as mãos dos gregos, na Dinastia Ptolomaica, a última do Egito livre, essas características também se mantiveram, mas se mesclaram com outras, mais próximas da religião grega, como haveremos de falar mais adiante. Antes, porém, vamos analisar a crença dos persas que, como vimos, foram responsáveis pelo fim desse momento histórico tanto na Mesopotâmia quanto no Egito e que, portanto, merecem um capítulo especial.

OS PERSAS E O ZOROASTRISMO

Os persas são um povo de origem indo-europeia que se sedentarizaram na região do que é hoje o Irã. Sua história começa junto com a dos medos, um povo do qual são parentes e que foram os responsáveis pela unificação das tribos da região e pela expansão inicial desse grupo social. Embora os persas tenham sido dominados pelos medos durante algum tempo, a relação de poder entre os dois povos mudou consideravelmente com a chegada de Ciro II ao poder. Ciro, que reinou entre os anos 559 e 530a.C., é considerado fundador do Império Aquemênida. Os aquemênidas formavam uma tribo persa que nunca fora subjugada pelos medos e se tornaram subsequentemente detentores do poder na região.

Normalmente damos o nome de Império Persa àquele que existiu na região desde o início da hegemonia aquemênida até a queda de Dario III, derrotado por Alexandre Magno, da Macedônia, na batalha de Gaugamela, em 331 a.C. Mas há quem prefira utilizar o termo para designar também os subsequentes impérios que vieram depois da morte de

Alexandre, o Grande: o Império Selêucida, o Império Parta e o Império Sassânida. Quem prefere o termo Império Persa apenas para o conjunto dos governos de Dario até Alexandre chama o Império Sassânida de Segundo Império Persa. O nome Pérsia volta a ser utilizado para a nação no século VII, denominação que perdura até 1934, quando o xá Reza Pahlavi, como parte de seu projeto de modernização, mudou o nome do país, que passou a ser conhecido como Irã. Aqui vamos falar de Império Persa pensando naquele que surgiu com a chegada de Ciro II ao poder e que se encerra com a conquista de Alexandre Magno, na batalha de Gaugamela. Esse é nosso período de reflexão e é sobre a religião surgida e praticada nesse espaço de tempo que discutiremos a seguir.

A primeira coisa que devemos dizer no tocante à religião entre os persas é que não era única. Isso se deve ao fato de o Império ter sido construído pela conquista de uma série de povos, entre eles os da Mesopotâmia e do Egito, sobre os quais discorremos anteriormente. Havia também povos que habitavam a região do atual Afeganistão, do Paquistão, até mesmo de parte de Omã, na península arábica, e da Índia. Isso quer dizer que havia uma heterogeneidade étnica, cultural e também religiosa. Os persas não eram conhecidos por reprimir crenças religiosas locais, embora tenham, por outro lado, levado seus sacerdotes para as regiões mais longínquas de seu Império. Em outras palavras, o que queremos dizer é que existia, em termos de religião, na Pérsia, um convívio relativamente (essa palavra é importante) tranquilo entre diferentes crenças, embora somente uma fosse considerada oficial, o zoroastrismo.

Originalmente, pelo que podemos deduzir das fontes e dos vestígios materiais de que dispomos, os persas organizavam sua religião de acordo com suas classes sociais. Isso implica dizer que havia um conjunto de crenças voltadas para o povo e um conjunto de crenças diferentes, voltado para os nobres ou para os membros das tribos que estavam mais próximas do poder. Parece que os grupos sociais não nobres teriam seguido uma religião mais animista, um tipo de religião que se envolve com a crença na divindade da natureza e de seres naturais. Por causa disso, não há uma estrutura hierárquica nas práticas; os sacerdotes cultuam ao ar livre e não há também construções arquitetônicas específicas que nos tenham chegado como vestígios materiais. Já os nobres, por sua vez, parece que tenham desenvolvido sua crença em torno da primazia de um deus, de nome *Azura-Mazda*.

Por volta do século V a.C., a Pérsia passou por uma importante reestruturação religiosa com a unificação desses dois sistemas de crença e com o surgimento de uma religião de Estado. Essa reestruturação foi empreendida por uma figura carismática relativamente importante, Zaratustra (ou Zoroastro, como é conhecido pelos gregos), figura histórico-mitológica, sobre a qual pouca certeza histórica pode ser estabelecida. Há discussões significativas sobre quando teria vivido e sobre como teria chegado a construir sua proposta religiosa. Há quem coloque seu nascimento em algum momento do segundo milênio a.C.; há quem prefira falar da época do reinado de Ciro II e há ainda quem prefira a do reinado de Dario I, também conhecido como Dario, o Grande, que foi o rei responsável pela reforma administrativa que manteve o Império persa em funcionamento, bem como, possivelmente, uma das forças que impulsionou a adoção do zoroastrismo como religião oficial do Império.

De qualquer forma, o que sabemos sobre Zaratustra ou Zoroastro está mais ligado à religião que fundou do que sobre a pessoa dele. Temos conhecimento do sistema de crenças do zoroastrismo a partir da leitura de seus textos sagrados, particularmente do *Avesta* ou *Zend-Avesta*, que significa "Lei e Revelação". Não é incomum ouvir, por aí, as pessoas se referindo a esse livro como "a Bíblia do zoroastrismo"; mas esse termo deve ser evitado. Explicando: quando se chama o texto sagrado de uma religião de Bíblia de (por exemplo, o Alcorão, de Bíblia do Islã ou os Vedas, de Bíblia do Hinduísmo), está se colocando na Bíblia a sacralidade da qual derivaria a legitimidade de todos os outros textos. A leitura, no meio acadêmico, é considerada etnocêntrica (baseada no ponto de vista de uma cultura) e, por isso, deve ser desconstruída. Preferimos, pois, chamar a todos os textos sagrados exatamente dessa forma, isto é, textos sagrados. Em outras palavras, a Bíblia é o texto sagrado judaico-cristão, o Alcorão é o texto sagrado muçulmano e o *Avesta* (ou *Zend-Avesta*) é o texto sagrado do zoroastrismo.

A base da crença do zoroastrismo é o embate ético entre o bem e o mal. Há duas entidades da maior importância nessa história. Uma delas é *Ormuz,* ou *Mazda,* que é a representação do bem. A outra é *Orimã,* que representa o mal. Os estudiosos do zoroastrismo discutem se *Mazda* deve ser visto como um deus e *Orimã* como uma espécie de espírito, o que faria do zoroastrismo uma religião monoteísta, ou se, ao contrário, os dois deveriam ser tidos como deuses, o que faria do zoroastrismo uma religião dualista. Há ainda os que preferem dizer que se trata de uma religião efetivamente politeísta e que, dentro de um panteão maior, esses dois deuses recebem destaque por causa de seu papel no desenrolar da História humana. Quem se coloca nessa posição, assim o faz porque encontramos no *Zend-Avesta* referências não só a *Ormuz* e *Orimã,* mas também a outras entidades, como, por exemplo, *Mitra,* que seria responsável pelo julgamento das almas e que, veremos mais adiante, tem um papel importante nessa narrativa. Para muitos, *Mitra* é também entendido como deus, da mesma forma que *Ormuz* e *Orimã,* o que confirmaria a leitura da religião como politeísta.

De qualquer forma, o ponto em que todos concordam é que, na crença zoroastrista, *Ormuz* e *Orimã* estavam em constante combate um contra o outro e que eram auxiliados, nessa luta, por gênios, que podiam ser bons ou maus, dependendo de que deus escolhiam como aliado. Para os persas, os seres humanos teriam papel importante nessa luta. Na realidade, acreditavam que, no fim, *Ormuz* sairia vencedor nesse embate e que, portanto, o bem derrotaria o mal. Contudo, a maneira como os seres humanos (enquanto coletividade) se comportam pode mudar consideravelmente o momento em que esse embate final haveria de acontecer. Dito de outra forma, acreditavam que, se os seres humanos se organizassem em prol de um comportamento socialmente ético, a vitória seria adiantada, mas que, enquanto imperassem comportamentos socialmente reprováveis, essa última luta e, portanto, a vitória final, seria adiada, postergada.

Além disso, o zoroastrismo era uma religião escatológica e messiânica. Os persas criam que o último combate entre *Ormuz* e *Orimã* significaria o fim do mundo. Nesse momento, viria à terra uma espécie de salvador, alguém que ajudaria na guerra e cuidaria do destino dos humanos. Esse alguém é aquele *Mitra*, que mencionamos há pouco. *Mitra*, julgador de almas, trabalharia no sentido de supervisionar o comportamento dos seres humanos e entender quem havia contribuído para a vitória de *Ormuz* e quem não o havia feito, recompensando uns e punindo outros com a vida eterna de salvação ou de condenação. O culto a *Mitra* cresceu bastante com o tempo e, depois de alguns séculos, passou a existir de forma relativamente separada do zoroastrismo. Encontramos templos de culto a *Mitra* em vários lugares do Império romano (que futuramente dominaria o Império persa), inclusive na Grã-Bretanha, o que mostra o alcance da crença.

Provavelmente, o leitor deve ter notado a proximidade dessa narrativa com a narrativa judaico-cristã: bem versus mal, salvador, julgamento de almas, salvação e condenação. Isso não é um acaso. Os judeus estiveram, afinal, escravizados na Babilônia durante o Império Medo (que antecedeu o Império Persa) e mantiveram com os persas contatos culturais importantes. Não é nenhum tipo de grande exercício de proposição teórica pensar que, entre essas trocas, estivessem leituras a respeito das divindades, da escatologia e da vida extraterrena. Claro, é muito difícil dizer o que veio do quê, mas não é nada estranho pensar que existam esses pontos de contato.

Ainda sobre a religião persa, é importante falar sobre quem preservou as crenças de Zaratustra depois de sua morte, ou seja, de seus sacerdotes. A religião se institucionalizou e passou a contar com representantes oficiais, chamados magos. Os magos zoroastristas eram responsáveis por sacrifícios que propiciassem a vantagem de *Ormuz* sobre *Orimã* e também pela prática da leitura divinatória das entranhas dos animais sacrificados. Os magos se tornaram, com o tempo, um grupo social muito importante e significativo e foram responsáveis, inclusive, por uma série de golpes políticos de que se tem notícia. Eles foram sistematicamente desprovidos de poder durante o reinado de Alexandre, o Grande, que os culpou publicamente pelo descaso com o túmulo do rei Ciro II, que foi saqueado quando da invasão das tropas da Macedônia.

Mais dois aspectos da crença persa precisam ser mencionados. Um deles diz respeito à questão de como lidavam com a morte. Como acreditavam que a alma era domínio de *Ormuz* e o corpo de *Orimã*, quando uma pessoa morria entendiam que *Orimã* tinha vencido aquela pequena batalha. Logo, para eles, a morte era domínio do mal e por isso era necessário recorrer a rituais de purificação que não permitissem a contaminação do grupo por aquele espírito (ou gênio) ruim. Assim, o "ritual fúnebre implicava em depositar o cadáver sobre um local elevado e descoberto, voltado para o sol. Depois, os vivos deveriam fugir rapidamente dos "demônios" da morte (doença, imundície, velhice)" (FRANCO, 2010, pp. 71-72).

Por fim, destacamos o fato de que os rituais do zoroastrismo eram realizados em mesas de pedra, chamadas de "lugares do fogo". Isso significa que não havia construções de grandes templos em honra de *Mitra* ou mesmo em honra de *Ormuz*. Logo, há pouca evidência arqueológica de como o zoroastrismo era efetivamente praticado, de como eram seus ritos. Em relação à crença na vida após a morte, as maiores fontes materiais são os túmulos dos imperadores e dos grandes nobres persas, que eram enterrados, como os egípcios também, em sarcófagos elaborados. Seus túmulos não tinham a mesma grandiosidade e suntuosidade das pirâmides, até por conta da relação dos persas com a morte, mas seus sarcófagos nos contam, certamente, muito sobre as coisas em que acreditavam.

A religião entre os persas foi, sem dúvida, um aspecto importante dessa sociedade e também de sua individualidade histórica. Em outras palavras, muito do que faz do Império Persa um império diferente dos outros são suas crenças religiosas. Na verdade, o mesmo pode ser dito a respeito de outras sociedades, principalmente na Antiguidade e, de modo particular, quando falamos sobre politeísmo. Nenhuma delas, contudo, parece ser tão significativa para o imaginário coletivo ocidental quanto a próxima cultura sobre a qual vamos discorrer. Então, sem mais delongas, vamos nos voltar para a Grécia e olhar para um dos panteões mais complexos e intrigantes de todos os tempos.

HÉLADE: A GRÉCIA ANTIGA

A Grécia Antiga é, provavelmente, um dos espaços da Antiguidade mais fascinantes e que mais permeia o nosso imaginário, talvez por ser o berço de nossa chave de leitura cultural, no Ocidente. A região que hoje é chamada Grécia era, naquele momento, conhecida como Hélade; seus habitantes entendiam-se como helenos e de seu nome derivavam o nome da região, que não era, contudo, uma nação. Tratava-se, na verdade de um conjunto de diversas Cidades-Estado, as *póleis*, que compartilhavam, entre si, língua, cultura e religião. Geograficamente, dividimos a Hélade em Grécia Europeia, Grécia Asiática e Grécia Insular.

Na Grécia europeia, temos, ao norte, a região da Tessália e do Épiro, bem como a Macedônia, que também faz a ligação com a região central e, por fim, a parte mais ao sul, onde está o Peloponeso e a Lacônia, casa de duas das maiores *póleis* helênicas: Atenas e Esparta. A Grécia asiática é formada pelas diversas colônias gregas fundadas ao largo do litoral da Ásia Menor, onde está, por exemplo, a Jônia, região onde surge Mileto, uma das cidades mais conhecidas da região. Já a Grécia insular, por sua vez, é formada por inúmeras ilhas rochosas, com *póleis* como Ítaca, Creta, Rodes e Naxos.

Um aspecto vital para conhecer a Hélade é entender sua relação com seus deuses. Os helenos eram politeístas e compreendiam seus deuses como reflexo de sua própria humanidade. Isso quer dizer que, apesar de imortais, os deuses eram também imperfeitos e cheios de sentimentos com os quais as pessoas se identificavam. Esses deuses correspondiam a forças da natureza, mas também estavam ligados às *póleis*, garantindo-lhes prosperidade. O culto aos deuses tinha, portanto, como finalidade, pedir proteção para si e para a própria família, mas também para seu grupo social. Embora houvesse crença na vida após a morte, havia um peso maior na articulação narrativa da proteção das atividades terrenas do que no objetivo extraterreno.

Também é importante mencionar, quando falamos sobre religião grega, que era uma religião de duas faces. Uma, pública, sobre a qual vamos discorrer logo adiante, mas também outra, privada, que está ligada ao fogo sagrado da casa, em honra a *Héstia*, fogo que deve ser mantido aceso e cuidado pelo líder da família. Essa faceta da religião grega liga-se à importância do culto aos antepassados e à manutenção de uma história pessoal e de uma identidade linear que se articula com a própria noção de pertencimento e de cidadania. Em casa, além de seus antepassados, os helenos louvavam os mesmos deuses louvados em público. Conhecemos esses deuses a partir de um conjunto de histórias e aventuras, conhecido como mitologia, que é povoada também de heróis e de seres fantásticos antropozoomórficos,

Podemos dividir a mitologia grega em cinco grupos ou categorias de histórias: as teogonias (histórias que contam o nascimento dos deuses); as cosmogonias (histórias que contam a origem do mundo); as antropogonias (histórias que contam a origem dos homens); os ciclos dos olímpicos (histórias que apresentam cada um dos grandes deuses instalados no Olimpo com Zeus) e os ciclos heroicos (histórias que mostram semideuses, que nasceram de um deus com uma mortal ou o contrário). Em resumo, podemos dizer que a função dos mitos é explicar as origens – dos universos, dos deuses, da humanidade, dos fenômenos da natureza ou das dinastias governantes.

Seria impossível falar sobre cada um dos ciclos aqui, mas vale a pena relembrar algumas histórias e algumas características, começando pela teogonia, ou seja, pelas histórias que contam os nascimentos dos deuses, particularmente dos deuses do Olimpo. Em princípio, tínhamos *Gaia*, a Terra, casada com *Urano*, considerado, inclusive para sua época, um marido brutal. Cansada, *Gaia* chamou seus filhos, que eram titãs, pedindo-lhes que a ajudassem a livrar-se do marido, pai deles. *Cronos*, o tempo, ouviu o pedido da mãe: castrou o pai e, em seguida, assassinou-o. Assumiu seu lugar e garantiu seu poder prendendo seus irmãos todos no submundo, com exceção de *Rhea,* com quem se casou e com quem teve diversos filhos.

Cronos recebera um oráculo de que, em algum momento, assim como ele fizera com o pai, também seria feito a ele, ou seja, seria eventualmente destronado por um de seus filhos. Tentando evitar o mesmo destino, *Cronos* devorou os filhos, à medida que foram nascendo. O único que não foi devorado foi *Zeus,* que *Rhea* trocou por uma pedra, aproveitando-se da cegueira do marido-irmão, e que foi criado numa ilha, escondido do pai. Adulto, *Zeus* decidiu se rebelar. Como acontecera com *Urano, Zeus* castrou *Cronos* e o assassinou, abrindo sua barriga e de lá tirando seus irmãos, com quem passou a governar.

Zeus, seus irmãos e mais alguns deuses formavam o grupo de deuses do Olimpo, como dissemos. Suas histórias têm algumas versões diferentes, o que está ligado ao fato de que muitas de suas narrativas eram passadas oralmente de geração em geração e, portanto, podiam variar dependendo de quem as contava. De qualquer forma, mesmo com diferenças, conseguimos encontrar traços comuns nesse panteão.

- *Zeus* era o deus dos deuses, líder dos raios, do mundo dos vivos e do Olimpo. Teve inúmeros filhos, com deusas e com mortais; dentre eles, destacamos *Atena* (talvez com *Métis,* deusa da prudência); *Apolo* e *Ártemis* (com *Leto,* ninfa); *Hebe, Ares* e *Hefesto* (com *Hera,* sua terceira esposa); *Hermes* (com *Maia,* deusa do conhecimento visível e invisível); *Hércules* (com a mortal *Alcmena*) e *Dioniso* (com a semideusa *Semele*).

- *Posseidon* era irmão mais velho de *Zeus* e foi o primeiro filho de *Cronos* e de *Rhea*. Era deus do mar, dos terremotos, das tempestades e dos cavalos. Casou-se com *Hália*, um ***daemon*** [espírito] da ilha de Rhodes. Teve com ela seus filhos e uma filha; entre eles, o mais conhecido é *Tritão*, deus dos abismos do Oceano. *Posseidon* teve, como seu irmão, outras aventuras românticas – a ideia da monogamia está bastante distante dos deuses gregos –, mas a maioria das histórias a seu respeito e a respeito de seus filhos são consideravelmente negativas e funcionam muito mais como contos de aviso e de moralidade (uma importante função também desses mitos).
- *Hades* também era irmão de *Zeus*. Embora ele seja comumente conhecido como deus da morte, não era compreendido dessa forma pelos gregos. Na maioria das civilizações, a entrada da alma no além está condicionada ao seu comportamento durante a vida terrena. Esse não é, porém, o caso dos gregos. "Todos os mortos cabem no reino de Hades, desde que tenham sido respeitados os devidos rituais fúnebres. Por isso Hades era também conhecido como *o hospitaleiro*, pois sempre havia lugar para mais uma alma no seu reino" (FRANCO, 2010: 60). Casou-se com *Perséfone*, filha de *Deméter*, e o mito de seu rapto é um dos poucos em que ele é mencionado pelo nome.

- *Atena,* como vimos, era filha de *Zeus*. Em algumas versões da mitologia, *Atena* era filha de *Métis* e *Zeus*. *Métis* teria sido a primeira esposa de *Zeus*; quando ela se encontrava grávida de *Atena,* sua sogra, *Rhea,* teria previsto que assim como acontecera com *Urano* e *Cronos,* também *Zeus* seria destronado pelo filho que haveria de nascer. Para evitar o destino, *Zeus* teria convencido *Métis* a se metamorfosear em uma mosca, como uma brincadeira e a teria engolido. Mesmo assim, *Atena* teria sobrevivido e nascido, tempos depois da cabeça de *Zeus*. Deusa da guerra justa, era também protetora dos planos de batalha, da justiça e da sabedoria.
- *Apolo* e *Ártemis* eram filhos de *Zeus* com *Leto,* que era uma ninfa, uma deusa-espírito feminina, ligada à natureza. *Leto* não foi casada com *Zeus* e sua esposa, *Hera,* tinha muitos ciúmes da mãe de *Apolo* e *Ártemis*; tanto que ela precisou fugir e se esconder em uma pequena ilha para dar à luz aos dois. *Apolo* e *Artemis* eram gêmeos. Ele era deus do sol, das artes, das profecias e dos homens. Com a mortal *Corônis* teve um filho chamado *Esculápio,* deus da medicina e da cura. Com a deusa *Afrodite,* teve um filho chamado *Himineu,* deus das núpcias e do casamento. *Ártemis,* por sua vez, era a deusa da lua, da castidade, da caça e das amazonas.
- *Afrodite* é uma das deusas mais conhecidas do Olimpo. Há registros de que ela tenha sido filha de *Cronos,* mas há também quem diga que tenha sido filha de *Zeus*. Algu-

mas histórias dizem que *Zeus*, ao destronar *Cronos*, assim como o pai fizera ao avô, também ele o castrou, jogando seus testículos no mar. As ondas do mar foram, porém, fecundadas pelo sêmen de *Cronos* e dessa união teria nascido *Afrodite*. Outras versões dão conta de que *Afrodite* era filha de *Zeus* com *Dione*, uma das filhas de *Urano*. Essas versões, porém, são mais recentes. Deusa do amor e da beleza, *Afrodite* casou-se com *Hefestos*, com quem não teve filhos. Teve, porém, inúmeros amantes (deuses e mortais) e, dessas uniões, alguns filhos. Com *Apolo*, teve *Himineu*; com *Hermes*, teve *Hermafrodito*; com *Ares*, teve *Harmonia*, deusa da concórdia, *Anteros*, *Deimos*, deus do pânico, *Eros*, deus do amor e *Phobos*, deus do medo. Com o mortal *Anquises*, teve *Eneias*, herói de Troia, que sobrevive à guerra, antepassado de Rômulo e Remo, fundadores de Roma.

- *Ares*, deus da guerra, era, por sua vez, filho de *Zeus* e *Hera*. Vale sempre lembrar que também sua meia-irmã, *Atena* era deusa da guerra, mas da guerra estratégica. *Ares*, por sua vez, é o deus da guerra selvagem; ele é, inclusive, muitas vezes entendido como a personificação da sede de sangue e da matança. *Ares* teve diversas consortes – nunca uma esposa – e muitos filhos, mas os mais conhecidos são os que teve com *Afrodite*: Anteros, Deimos, Eros, Harmonia e Phobos.
- *Hefesto* era irmão de *Ares* e marido de *Afrodite*. Deus ferreiro, era o responsável pela confecção dos raios de *Zeus* e

de seu escudo. Coxo, foi condenado por *Hera* ou *Zeus* – as versões diferem – a viver fora do Olimpo, provavelmente por causa de sua deformidade. Não teve filhos com a esposa e não há histórias suas com suas amantes, se é que as teve.

- *Hermes* era filho de *Zeus* e *Maia*. Deus dos mensageiros e dos ladrões, dos viajantes e da medicina. Teve muitos filhos com deusas, semideusas e mortais, embora nunca tenha se casado. O mais conhecido de seus descendentes é *Hermafrodito*, seu filho com *Afrodite*.
- *Deméter* era irmã de *Zeus, Posseidon, Hades* e *Hera*; filha de *Cronos* e *Rhea*. Deusa do clima, teve com *Zeus* sua única filha, *Perséfone*, que foi raptada por *Hades* e passou a viver com ele, no submundo, durante seis meses do ano.
- *Hera* era a outra irmã de *Posseindon, Hades* e *Hera*; filha de *Cronos* e *Rhea*. irmã e esposa de *Zeus*, é a deusa do casamento, da fertilidade, do lar e das mulheres. Com *Zeus* teve, *Hebe, Ares* e *Hefestos*. Bastante ciumenta, sofreu muito com a grande quantidade de amantes de seu marido.

Além dos deuses do Olimpo que, como vimos, eram os mais importantes do panteão grego, havia também outras categorias importantes de crença, como é o caso dos heróis. Geralmente os heróis são filhos de um deus e uma mortal (ou uma deusa e um mortal), por isso são muitas vezes também chamados de semideuses. Existiram, no entanto, alguns heróis, filhos de pais mortais, que praticavam ações extraordinárias e tinham fama e proteção divina, mas podiam morrer. Assim como há inúmeros deuses, há também inúmeros heróis. Por isso, aqui também citaremos apenas alguns: *Perseu*, *Teseu*, Édipo e *Hércules*.

- *Perseu* era filho de *Zeus* e de *Dânae*, uma mulher mortal, filha do rei de Argos. *Zeus* a seduziu sob a forma de chuva dourada, pois o pai a havia prendido numa torre. Quando cresceu, *Perseu* matou a Górgona (ou Medusa), monstro de dentes afiados e cabeça coberta por serpentes. Antes de sua morte, a Górgona havia transformado em pedra a todos que a tinham fitado nos olhos.
- *Teseu* foi outro importante herói e bastante conhecido. Era filho da mortal *Etra* com um dos reis de Atenas, Egeu, ou da mesma com *Posseidon* que, apaixonado por ela, a teria violentado (a paixão não era correspondida) e engravidado. *Teseu* matou o *Minotauro*, um ser que era metade homem e metade touro e que apavorava o labirinto de Creta.
- *Édipo* foi possivelmente o mais trágico desses heróis e, ao contrário dos outros três mencionados aqui, não era filho de um(a) deus(a) e um(a) mortal, mas de pai e mãe mortais: Laio e Jocasta, reis de Tebas. Mesmo tendo crescido longe dos pais, Édipo cumpriu o destino que lhe fora profetizado – descobriu ser o assassino de seu pai e consorte de sua própria mãe. Matou a esfinge que afligia Tebas, tor-

nou-se rei lendário e viu sua história desmoronar quando a verdade de seus atos veio à tona.

- *Hércules* era filho de *Zeus* com *Alcmena*, uma mulher mortal. Possivelmente tenha sido o mais conhecido dos heróis e, dentre suas histórias, provavelmente a mais conhecida é de seus 12 trabalhos, que realizou para escapar da fúria de *Hera*, esposa de *Zeus*, descrita como uma esposa extremamente ciumenta e vingativa.

Um aspecto importante da religião helênica eram os festivais, que reuniam representantes de diferentes *póleis*. Na Ática, por exemplo, destacavam-se as grandes *Panateneias* (que aconteciam de quatro em quatro anos, em honra de Atena, com concursos de música, canto, corridas de cavalo e outras competições esportivas); as *Festas Dionisíacas* (celebrações urbanas, marcadas pelos concursos entre autores dramáticos, organizadas em honra de Dioniso) e os *Mistérios de Elêusis* (que aconteciam para celebrar a memória de Deméter). Além disso, havia também festas e jogos que não agregavam apenas algumas *póleis*, mas todas as cidades-Estado helênicas. Dentre estes, os mais conhecidos eram, sem dúvida, os *Jogos Olímpicos*, que perduram, relidos, reestruturados e repensados até os dias de hoje.

Por fim, antes de encerrar esta reflexão, precisamos falar sobre a prática dos oráculos, vivenciada amplamente pelos helenos, que muitas vezes viajavam muitas milhas para visitar os grandes templos. O mais famoso deles era, provavelmente, o Templo de Delfos, dedicado a *Apolo*, cuja sacerdotisa, *Pítia*, entrava em transe depois de aspirar os odores que saíam do meio das rochas. Suas palavras eram interpretadas pelos sacerdotes.

Haveria ainda muito que poderíamos falar sobre a experiência politeísta grega; acreditamos, contudo,ter escolhido os principais pontos para que o leitor possa ter uma ideia do que era a religião grega: politeísta, extraterrena, discutivelmente ética e marcada pelas histórias criadoras em que seus deuses aparecem, reproduzindo comportamentos humanos que os aproximam dos mortais. Os gregos foram unificados pelos macedônios, que os venceram na batalha de Queroneia, em 338 a.C. Durante o período que se seguiu até o fim do Império de Alexandre, o Grande, permaneceram unificados pela Dinastia Macedônica e foram, algum tempo depois, conquistados pelos romanos, que herdaram dos helenos a base de sua religião.

ROMA ANTES DE CRISTO

Aquilo a que chamamos de Roma, na Antiguidade, é, na verdade, um processo político pelo qual a cidade-Estado de Roma passou, até se transformar no maior império conhecido até então. Originalmente uma pequena cidade nas margens do rio Tibre, Roma começou sua expansão conquistando as cidades vizinhas até tomar toda a península itálica e as ilhas próximas. Em seguida, travou batalhas contra outra importante potência da época, Cartago, fundada pelos fenícios no norte de África e, vencedora, tornou-se senhora do Mar Mediterrâneo e de praticamente todas as terras que o cercavam. Conquistou boa parte do antigo Império de Alexandre, o Grande, e, em sua maior extensão, durante o governo do imperador Trajano (entre 98 e 117), compreendeu uma área de cerca de 5 milhões de km^2, que hoje corresponde a cerca de 40 países. Nesse momento, viviam dentro do Império romano cerca de 60 milhões de habitantes, o que se estima fosse algo em torno de $^1/_5$ da população mundial.

A história de Roma se divide em três grandes períodos, com um de interlúdio entre o segundo e o terceiro. O primeiro deles, a monarquia (ou realeza), tem suas origens em algum momento entre os séculos IX e VIII a.C. Muitas vezes, usamos como referência a fundação lendária da cidade, atribuída a Rômulo e Remo, em 753 a.C., mas não apenas não há registros arqueológicos ou históricos suficientes para corroborar a teoria, como também compreendemos que essa fundação tem um papel muito mais mitológico do que histórico, embora a datação não seja tão imprecisa. A realeza chega ao fim em 509 a.C, quando o último rei de Roma, Tarquínio, o Soberbo, é deposto e o poder passa a ser exercido pelo Senado. Esse segundo período é conhecido como República. Em 31 a.C., dois grandes generais entraram em conflito direto: Otávio e Marco Antônio. Otávio venceu Marco Antônio na batalha de Actium e se tornou *Imperator*. Até 27 a.C., mantém-se a estrutura da República, com a figura do imperador começando a ganhar corpo. De 27 a.C. até 14 d.C., Otávio (agora Augusto, ou seja, celestial), governa e a esse período chamamos de principado, período de transição entre a República e o Império, último grande período histórico de Roma.

O Império, por sua vez, pode ser subdividido em dois momentos distintos. O primeiro deles, o Alto Império, de 14 a 235, é um período de expansão e de relativa prosperidade, baseada em conquistas e incorporações territoriais. Essa fase imperial chega ao fim quando o imperador Severo Alexandre é assassinado e deixa o trono vago, uma vez que não indicara um sucessor. A briga pelo título de imperador dá início a um período de instabilidade política considerável, que marca o Baixo Império. Sobre o fim do Baixo Império, duas datas nos importam: 395, quando o imperador Teodósio dividiu o Império Romano em duas grandes unidades – o Império Romano do Ocidente, com sede em Roma, e o Império Romano do Oriente, com sede em Bizâncio – e 476, quando chega ao fim o Império Romano do Ocidente com a deposição do último imperador, Rômulo Augústulo, por Odoacro, rei dos hérulos, povo de origem germânica que se expandia naquele momento.

Durante esses cerca de mil anos de história, Roma teve dois momentos importantes em relação à religião: antes e depois do surgimento do cristianismo. O cristianismo surgiu na Palestina, que à época era uma província romana e de lá se espalhou por todo o Império. Por alguns anos, o cristianismo foi uma religião perseguida e parte importante dessa perseguição estava ligada à recusa dos cristãos (como dos judeus antes deles) de honrar os imperadores como Augustos (ou seja, divinos). A situação só começou a mudar em 313, quando o imperador Constantino (que teria se convertido ao cristianismo) legalizou a religião com a assinatura do Edito de Milão. O ponto de virada, contudo, foi o ano 390, com o Edito da Tessalônica, que tornou o cristianismo religião oficial do Império e passou a perseguir, por sua vez, os praticantes do politeísmo, lidos e julgados como pagãos, ou seja, como encontramos nos dicionários *online* mais facilmente acessados na internet, como aqueles que não foram batizados; que não adotam o cristianismo.

Antes dessa mudança, que é profundamente estrutural e que perpassa praticamente todas as instâncias da sociedade, porém, Roma foi um Império de muitas religiões e muitos deuses. Politeístas, os romanos separavam muito bem duas esferas importantes de sua fé: o culto familiar e o culto público, que também estava atrelado ao bem-estar das cidades e das sociedades.

O culto familiar era também chamado de culto gentílico e era praticado apenas pelos patrícios, o grupo social de maior *status* e destaque cujas origens remontam à nobreza que cercava a realeza romana em seus primeiros séculos ou que correspondia, nos espaços conquistados, aos grupos que se aliaram aos conquistadores e que facilitaram (ou até mesmo organizaram) a administração da província. Tratava-se, como vimos em outros lugares (especialmente na Hélade), do culto aos antepassados, feito em casa, onde se conservava o fogo sagrado em um altar junto à lareira.

O responsável pela realização dos rituais era o *pater familias*, o "pai de família", o homem que ocupava o mais alto estatuto familiar (*status familiae*) naquele grupo. Dentre suas obrigações, cabia-lhe espalhar migalhas de alimentos, gotas de vinho e de leite perto do fogo sagrado durante as refeições familiares. Além disso, era ele quem deveria, em ocasiões festivas, sacrificar animais em honra das divindades familiares. Os animais sacrificados podiam ser porcos, carneiros ou, em ocasiões mais especiais, vacas ou bois. A carne desses animais sacrificados era posteriormente preparada e dividida entre todos os membros da família. Veja a definição que Mircea Eliade e Ioan P. Couliano nos dão sobre o culto doméstico em Roma:

> O *culto doméstico*, cujo centro era o lar, consistia em sacrifícios de animais e oferendas de alimentos e flores aos ancestrais, Lares e Penates, e ao gênio protetor do lugar. O matrimônio era celebrado sob os auspícios das divindades femininas (Telo, ...). Mais tarde, passou-se a fazer o juramento conjugal em nome de Juno. Duas vezes por ano a cidade festejava os espíritos dos mortos, os Manes [os bons] e os Lêmures, que voltavam *à* terra e saciavam a fome com os alimentos que tinham sido postos sobre os túmulos. A partir de 339 a.C., os romanos começaram a oferecer cada vez mais sacrifícios, chamados *lecisternia*, a deuses agrupados em pares e cujas estátuas ficavam expostas nos templos (Apolo / Latona, Hércules / Diana, Mercúrio / Netuno) (ELIADE e COULIANO 1999, 251).

Duas coisas chamam a atenção nessa passagem do livro de Eliade: a crença dos romanos na vida depois da morte e sua incrível capacidade de ampliar seu panteão a partir de suas conquistas. Sobre a crença extraterrena, os romanos entendiam que, uma vez que as pessoas morressem, suas almas iriam para um espaço chamado de *Orco*, que também era o nome da morte. *Orco* aprisionava os espíritos e tornava assim o deus do submundo, *Plutão*, o deus mais rico de todos, já que seu reino crescia constantemente, com a chegada infindável de novos súditos. Os *Manes* (espíritos bons) e os *Lêmures* (espíritos ruins que podiam voltar para atormentar os vivos) também habitavam o *Orco*. A crença no trânsito entre o mundo dos vivos e o mundo dos mortos era uma das molas propulsoras da religião romana e da forma como lidavam, em seu aspecto privado, com os enterramentos.

> Os romanos colocavam suas tumbas em locais em que pudessem ser admiradas pelos passantes. Havia a crença de que de alguma forma a atividade vital permanecia com os mortos. Por isso, era costume corrente decorar as tumbas com grinaldas de flores e colocar oferendas de vinhos e alimentos diante delas, acreditando que o morto precisaria da oferta, onde estivesse. Além de alimentos e bebidas, junto ao corpo eram também agrupados objetos de uso pessoal. Em algumas ocasiões especiais, animais eram sacrificados nos ritos de morte, a fim de se servir uma oferenda com sangue. Havia o costume também de se celebrar um banquete ao aniversário de morte dos romanos (FRANCO, 2010, 70-71).

Ao contrário de outros deuses e divindades, Manes e Lêmures eram entidades nativas, surgidas entre os romanos da península itálica (IONS, 1999, 130). Extremamente ligados ao culto aos mortos, eles representam um conjunto de práticas que correspondem às características mais locais da fé romana.

O mesmo não podemos dizer de deuses como *Apolo, Diana, Mercúrio* ou *Plutão*, por exemplo, que já mencionamos. Esses deuses, por sua vez, não eram deuses originários de Roma, mas releitura dos deuses gregos que permearam a crença latina por causa da conquista e da proximidade com as colônias gregas na região. Alguns titãs e deuses menores gregos foram sincretizados em Roma e ganharam também sua versão latina. Vamos nos limitar, contudo, a apresentar uma lista dos deuses olímpicos e de seus pares romanos: Zeus tornou-se *Júpiter*, pai dos seres humanos e importante figura na organização pública de Roma; Posseidon tornou-se *Netuno*; Hades tornou-se *Plutão* (também chamado de *Dis Pater*); Atena tornou-se *Minerva*; Apolo e Ártemis, *Febo* e *Diana*; Afrodite, *Vênus*; Ares, *Marte*; Hefesto, *Vulcano*; Hermes, *Mercúrio*; Deméter, *Ceres* e Hera tornou-se *Juno*.

Esse processo de hibridação, releitura e transformação não foi imediato e nem necessariamente rápido. Vimos que, por exemplo, a dimensão de cuidadora dos casamentos, do lar e das mulheres que Hera tinha na Grécia, só aparece em Roma, com *Juno*, depois de algum tempo, já que, originalmente, outras divindades femininas, como era o caso de *Telo* (uma divindade autóctone), presidiam esse espaço. Além disso, também precisamos dizer que *Netuno* não é apenas o nome romano de Posseidon, mas sim uma versão latina da divindade helênica e que o mesmo raciocínio vale para muitas outras divindades do panteão grego, que foram incorporadas às crenças itálicas. O que se quer dizer com isso é que, embora houvesse inúmeros pontos em comum entre as figuras de Zeus e *Júpiter* e, de Ártemis e *Diana*, por exemplo, havia também diferenças que respondiam às particularidades geo-históricas de Roma e que estavam ausentes no contexto físico e cultural grego.

Não foram só os gregos que emprestaram deuses ao panteão romano. A religião romana, de fato, passou por um sem número de mudanças e até se tornar fora da lei e perseguida pelo cristianismo, viveu um processo de transformação contínua devido ao contato com outros povos. Na República, por exemplo, havia em Roma referências a deuses das mais diversas origens e não era incomum, como vimos anteriormente, que eles se encontrassem, inclusive, no mesmo espaço, honrados até mesmo em pares. Alguns desses pares eram retratados como casais, configurando um processo a que chamamos de casamento divino e que se tratava de uma estratégia de construção de discurso de assimilação por parte dos romanos com relação aos povos conquistados. *Horus*, *Ishtar*, *Mazda* e *Epona*, por exemplo, coabitaram com deuses do panteão greco-romano tanto em termos de representação visual quanto em termos de crenças e de práticas.

O culto a esses deuses também tinha uma dimensão privada, visto que os habitantes de Roma podiam ir aos templos rezar, pedir por proteção e por conquistas, mais comumente nessa vida do que na próxima - embora uma boa morte e um bom cuidado para com seu corpo no pós-vida fosse uma preocupação aparentemente também comum entre os latinos. Além disso, também havia uma dimensão pública nos rituais voltados aos grandes deuses, fossem eles de origem grega, fossem eles trazidos de outros espaços de conquista.

Há, portanto, principalmente a partir da República, um caráter cívico e uma organização e regulamentação por parte do Estado. Havia, entre os romanos, um grupo de pessoas especializadas na realização dos rituais, os sacerdotes. Funcionários públicos, eles tinham de seguir à risca as fórmulas ritualísticas, já que quaisquer erros poderiam ser fatais em relação à interpretação dos auspícios e prodígios, as manifestações normais e as manifestações excepcionais dos deuses, que indicavam os caminhos futuros do Estado. Dentre os sacerdotes, o mais importante era o Sumo Pontífice, ou *Pontifex Maximus* que, com o passar dos anos, assumiu cada vez mais responsabilidades e mais poder político, econômico e social. O Sumo Pontífice era também chefe do colegiado de pontífices formado pelo *rex sacrorum*, as virgens vestais e os 15 flâmines.

Rex sacrorum foi um título herdado da realeza romana pela República e pelo Império, que esteve ligado originalmente à compreensão da sacralidade dos reis. Quando o rei deixou de existir, suas funções religiosas foram transmitidas a um sacerdote, que exercia o cargo de maneira vitalícia. Seu poder era considerável no campo espiritual e uma forma de impedir que ele transbordasse para outros campos e competisse com o Sumo Sacerdote ou que buscasse restaurar outras dimensões do poder real em sua pessoa; o *rex sacrorum* era impedido de tomar assento no Senado (principal órgão da República e ainda consultivo durante o Império) ou de assumir outro cargo público.

As virgens vestais eram um conjunto de mulheres que viviam sob o comando e controle do Sumo Pontífice e cujo trabalho consistia em manter acesa a chama sagrada de Roma (um reflexo da chama sagrada que se mantinha acesa em cada uma das casas latinas); elas também eram responsáveis por varrer o templo da deusa da lareira (espaço da chama sagrada), *Vesta,* e por fazer um bolo de sal que era consumido durante o festival anual em honra à deusa. As virgens vestais eram sacerdotisas exclusivas de *Vesta*. Outros deuses também tinham sacerdotes exclusivos, que eram chamados de flâmines. No total, havia 3 flâmines principais: *Flamen Diales,* que cuidava do templo de Júpiter; *Flamen Martialis,* de Marte e *Flamem Quirinalis,* de Quirinus, um antigo deus que representava o Estado Romano. Esses três flâmines eram patrícios, mas havia outros 12 (eram 15 flâmines no total) que poderiam ser plebeus. Todos tinham cargos vitalícios e, ao contrário do *rex sacrorum*, podiam ocupar outros cargos políticos, coisa que muitos deles fizeram ao longo dos anos.

Em suma, a religião romana estava em permanente transformação. Mudou quando se tornou universal, incorporando às suas crenças originárias e locais novos deuses e novas organizações. Conforme ia crescendo seu território, foi crescendo a pluralidade de sua mitologia e de sua estrutura religiosa. Além do aspecto pessoal, o aspecto civil se tornou importante e os rituais passaram a fazer parte das obrigações políticas de senadores, pontífices e, mais tarde imperadores. A religião romana politeísta foi rica, complexa e repleta de contribuições e de incorporações de divindades de outros povos. Dentre todos os seus encontros com diferentes povos, culturas e mitologias, sobreviveu a quase todos, exceto um: o encontro com o cristianismo. Primeiro ela tentou aniquilá-lo; depois, aceitou-o até que, por fim, tornou-o oficial e desapareceu, perseguida e relegada ao plano da cultura, das lendas e das artes.

DEUSAS-MÃES, FADAS E OUTRAS CRENÇAS CELTAS

Sempre que começamos a falar sobre celtas, a primeira questão com a qual nos deparamos é tentar definir o termo. Afinal, o que é celta? Quem eram os celtas? O que significa chamar alguém de celta? Existem diversas possibilidades para essa resposta, inclusive uma que é política. Essa resposta, que foi preferida por muito tempo desde o século XIX, diria que celta é o conjunto de povos e nações que não são anglo-saxônicas, que foram mais ou menos invadidas e dominadas pelos vizinhos, particularmente a Inglaterra. Existe um motivo para essa resposta, motivo que está intimamente ligado ao fato de que a Inglaterra, um espaço de importante povoamento anglo e saxão, de fato dominou muitas regiões em suas fronteiras que foram, em algum momento, colonizadas pelos celtas. Outro motivo foi a necessidade de construir narrativas nacionais fortes que ajudassem nas lutas pelas independências, particularmente na ilha da Irlanda. E, por mais que possamos compreender a importância dessas definições para aquele momento e para aquele espaço, também compreendemos que essa escolha implicou em dar a esse grupo uma unidade política que ele nunca teve e, por causa disso, optamos aqui por não nos filiarmos a essa leitura.

Então, vamos entender celtas como designativo de um grande grupo de povos de origem indo-europeia, que se espalhou pelo continente europeu durante o segundo milênio antes da era comum. Imagina-se que esses povos falassem línguas próximas e tivessem, além da origem etnográfica, práticas sociais e religiosas comuns. Os celtas passaram pela península itálica e pela região que hoje é a Suíça e se assentaram no norte da península ibérica (celtiberos), (atual França), na Irlanda, na Escócia, na ilha de Mann (no Canal Irlandês, na Grã-Bretanha), no atual País de Gales, na Bretanha (França) e na Cornualha (Inglaterra). À exceção da península ibérica, todas as outras regiões mantiveram em maior ou menor grau alguma relação com suas línguas de origem celta. O irlandês, o escocês, o galês e o bretão são línguas até hoje faladas por uma minoria em seus respectivos países como primeiro (e até mesmo, em alguns casos mais raros, único) idioma. O mesmo não pode ser dito do manês (*Manx*, da ilha de Mann) e do cornês (*Cornish*, da Cornuália); ambas línguas que chegaram a desaparecer enquanto primeiro (ou único idioma) local, mas que foram restabelecidas por força de lei a partir de textos. No caso da ilha de Mann, o idioma passou a ser ensinado nas escolas como segunda língua.

Tanto quanto definir o termo "celta", falar sobre sua religião também é uma questão complicada. Assim, ao procurarmos estudar a organização social e política dos celtas e ao tentarmos analisar sua organização religiosa, nos deparamos com muitos textos e relatos cuja crítica histórica marcou com pontos de interrogação, principalmente por serem documentos escritos depois do desaparecimento da religião original, ou seja, principalmente porque as fontes a que temos acesso hoje em dia contam histórias lembradas, registradas pelo filtro da memória e, talvez, inclusive, de projeções. Afinal, contar algo sobre o passado sem o respaldo de um registro da época pode ser um convite para criar interpretações que falam mais sobre o tempo do autor do que sobre o tempo da narrativa em si.

Embora subsistam muitas dúvidas, algumas proposições feitas, contudo, parecem suficientemente seguras. Por exemplo, podemos afirmar categoricamente que os celtas eram politeístas; ou seja, acreditavam em vários deuses e deusas. Embora houvesse certa hierarquia entre as divindades celtas, sua organização não parece ter sido tão estrita quanto aquela das mitologias grega ou romana. Outra afirmação relativamente segura é a de que, entre os celtas, tenham coexistido o culto aos animais e à natureza e o culto aos deuses-heróis, bem como o culto aos ancestrais. Outra peculiaridade dessas divindades advém do fato de que muitos de seus nomes nunca foram registrados. Existem vestígios materiais em alguns sítios arqueológicos que são relevos de seres assustadores, algumas vezes com duas ou três faces, que parecem estar ligados ao panteão, mas cujo nome ou função são desconhecidos.

Esse aspecto das faces múltiplas chama a atenção. De fato, talvez uma das características mais interessantes das divindades celtas (particularmente das irlandesas) provavelmente era sua tradição trina; ou seja, o fato de que com frequência essas divindades apareciam em grupos de três. Esse era o caso, por exemplo, das irmãs *Mórrígna* (*Mach, Mórrígan* e *Babd*), representando a guerra e a fertilidade e o caso do deus *Boibhniu*, líder dos três deuses artesãos. Outro exemplo interessante é o de *Brígida*, filha de *Daghdah*, ou o "Bom Deus", principal divindade do panteão irlandês. Deusa da fertilidade e dos poetas; tinha duas irmãs, também chamadas *Brígida*, associadas ao artesanato e à cura. As três eram frequentemente tratadas como uma única entidade, as deusas-mães (*Deae Matres*). Uma curiosidade sobre *Brígida* é que seu símbolo era o fogo e que havia, no Condado de Kildare, onde seu culto era bastante forte, um espaço em que um fogo sagrado era mantido constantemente aceso desde os tempos pré-cristãos até 1151. É interessante notar como o fogo sagrado ligado a uma divindade feminina parece perpassar muitas das crenças da Antiguidade. Falamos sobre isso na Grécia e também em Roma, com *Vesta*, onde havia até mesmo um grupo especializado de sacerdotisas que cuidavam desse fogo e da deusa. Qualquer afirmação categórica aqui seria um tanto quanto temerária, mas precisamos dizer que é um fato digno de nota e que talvez estejamos olhando para uma permanência maior do que conseguimos hoje conceber.

Quanto ao espaço onde aconteciam os cultos, havia a esfera privada, onde se desenrolava o culto aos ancestrais e também o espaço público, marcado pela realização de festividades coletivas, relacionadas às estações, basicamente a do frio (*gamh*) e a do calor (*samh*). Quatro grandes festivais pontuavam o ano: *Imbolc* (1º de fevereiro; em honra a Brígida, associado ao nascimento dos cordeiros e à lactação das ovelhas); *Beltane* (1º de maio; quando se acendiam grandes fogueiras, dançava-se e se celebrava o início do verão); *Lughnasa* (fim do verão; em honra de *Lug*, deus do Sol, da genialidade e da luz, celebrando as colheitas); *Samhain* (1º de novembro; marca o fim do verão e o dia em que os espíritos podiam voltar à terra em companhia dos deuses e deusas).

É importante lembrar que, ao falar de mitologia celta, não estamos falando na crença apenas em deuses ou em seres divinos construídos a partir da imagem e semelhança dos seres humanos. Os celtas também parecem ter acreditado em uma série de outros seres fantásticos, como os *leprechauns* (duendes), os gigantes e as fadas, além de animais fantásticos, espirituais e que transitavam entre mundos. Há um grande corpo de lendas ligadas a esses seres, algumas delas registradas em fontes cristãs, o que também nos indica que, em alguns lugares, o politeísmo pagão demorou muito mais a morrer do que em outros. Não é incomum, por exemplo, que em textos já cristãos da Irlanda medieval encontremos referências às fadas, principalmente em momentos das narrativas em que aparecem topos de montanhas cobertos de névoas. É como se, nesses lugares, passado e presente, politeísmo pagão e cristianismo, se tocassem e deixassem entrever as trocas que estabeleceram de maneira um pouco mais clara.

Outra característica que parece ter sido comum aos celtas é a crença em uma vida extraterrena. Se a crença era comum, sua manifestação, contudo, era peculiar a cada grupo. Na Irlanda, por exemplo, havia um deus da morte, chamado *Donn*. Ele seria uma espécie de antepassado comum a todos os irlandeses e os receberia no outro mundo, em um palácio que se situaria numa ilha rochosa, cuja localização geográfica, de acordo com o que se acreditava na época, seria o sudoeste da Irlanda.

> O equivalente galês do Palácio de Donn, uma Torre de Vidro no meio do mar, ficava igualmente isolada pelo silêncio total dos mortos sentinelas postados fora dela. A ênfase na mitologia céltica está, no entanto, em um além-mundo de felicidade, um mundo espiritual, mas não especificamente um domínio dos mortos, embora houvesse associações com um caldeirão mágico de renascimento em que guerreiros mortos poderiam ser revividos (IONS, 1999, 131)

No mais, cabe dizer que outra concordância quase que universal entre os autores que se dedicam ao tema da religião celta se dá em relação ao destaque garantido para a figura do sacerdote, o druida – tanto que, em muitos casos, usa-se o termo “druidismo”. Ao que parece, era importante a ideia de que o deus tribal, representado pelo chefe local, ao se unir com a deusa-mãe Terra gerava o vínculo com o território e que esse vínculo se simbolizava na prosperidade da descendência, da agricultura, da guerra e do sucesso na guerra. Além disso, Nora Chadwick, em seu livro *The Celts* (1997), afirma:

> O núcleo dos ensinamentos druídicos era que a alma não morria, mas passava para outro corpo e [que] por conta disso, havia pouco medo da morte. Sugeriu-se algumas vezes que os celtas tenham crido na metempsicose, a expiação do pecado em outros corpos depois da morte, mas há pouca evidência de qualquer tipo de que os celtas acreditassem em pecado e punição. Não há dúvidas, porém, de que havia uma forte crença na vida após a morte (CHADWICK, 1997, 154).

Sobre o druidismo, é importante frisar que conhecemos pouco de suas características reais e que muito do que achamos que compreendemos sobre essa religião advém, na verdade, de produções culturais posteriores, desde *As Brumas de Avalon* (e todo o Ciclo Arturiano, ou seja, todas as histórias sobre o rei Arthur) até as aventuras de Asterix. Também há muita confusão nesse espaço por conta de religiões neo-pagãs, ou seja, religiões que surgiram na contemporaneidade (particularmente nos séculos XIX e XX) e que reclamam suas raízes no distante passado celta. Não é incomum que tomemos as crenças dessas religiões como as crenças dos celtas do passado, o que não é necessariamente verdade ou, pelo menos, não há comprovação histórica ou material suficiente para sufragar essa tese.

Se até aqui trouxemos um pouco que parece ter sido comum entre os celtas (panteão politeísta, deuses trinos, convivência com outras entidades fantásticas, trânsito entre o mundo real e o mundo espiritual, crença na vida após a morte, ênfase na felicidade (recompensa), ligação com a natureza e importância dos druidas na organização dos rituais), antes de encerrarmos nossas reflexões sobre essa religião que foi muito pouco institucional, precisamos tocar um ponto bastante controverso e sobre o qual não há consenso, a questão dos sacrifícios humanos.

Das religiões sobre as quais falamos até agora, nenhuma delas parece ter praticado sacrifícios humanos, embora sacrifícios animais tenham sido importantes. Aqui, porém, temos que fazer a pergunta: os celtas faziam sacrifícios humanos? A resposta é: talvez. Há quem diga que sim e há quem diga que não.

Alguns autores defendem que, em ocasiões e situações muito especiais, os druidas possam ter praticado o sacrifício humano; por exemplo, quando de uma guerra que há muito se arrastava e cujo fim seria benéfico para toda a comunidade – ou, em caso de sucessivas colheitas fracassadas. Outra situação em que o ritual poderia acontecer estaria ligado à chegada de um rei ao poder. Sua entronização como rei era, de fato, como vimos, um processo ritualizado, marcado por uma série de celebrações e de símbolos que celebrava o casamento daquele novo líder com a terra. Para os estudiosos que defendem que os celtas praticavam o sacrifício humano, a inauguração de um novo reinado precisava de uma oferenda à altura do desafio, e o sacrifício seria essa oferenda que, entende-se, aplacaria e agradaria as deidades cultuadas, tanto masculinas quanto femininas. Se perguntarmos às pessoas que se alinham a essa posição porque assim o fazem, responderão que existem corpos que foram encontrados em pântanos, particularmente na Irlanda, bastante bem preservados e que mostram sinais de terem sido vítimas de sacrifícios ritualísticos. Junto a esses corpos estavam também objetos que simbolizam a inauguração de um reinado. Além disso, os corpos estariam em espaços fronteiriços, reforçando os limites (inclusive geográficos) do poder do novo rei. Para essas pessoas, todas essas pistas indicam que sim, os celtas praticaram – mesmo que de maneira excepcional – sacrifícios humanos.

Esse grupo não é, contudo, majoritário. Para falar a verdade, a maior parte dos historiadores que se dedicam ao tema, discorda que os celtas (mais especificamente seus sacerdotes, os druidas) tenham praticado sacrifício humano. Essa parece ser hoje a posição mais aceita. A explicação preferida atualmente para os restos mortais encontrados junto aos objetos simbólicos é que eles já tenham sido utilizados, naquele momento, dessa forma, ou seja, que aquelas pessoas não tenham sido sacrificadas, mas que, tendo morrido, seus restos mortais tenham sido revestidos de alguma aura de sacralidade e tenham passado a fazer parte dos rituais que reforçavam o poder dos reis ou que buscavam estabelecer contatos mais complexos com os deuses. Para esses historiadores, usar ossos (inclusive humanos) e carcaças de animais, muito mais do que sacrificar pessoas deve ter sido uma prática relativamente comum e, ao contrário do que se pode imaginar, muito mais associada à boa fortuna, particularmente em relação à demarcação dos espaços. Apoiam-se, para fazer essa reflexão, não apenas nos enterramentos que aconteceram perto das fronteiras como mencionamos antes, mas também nas ossadas humanas e animais encontradas debaixo de paredes e de portas de casas e de outras construções celtas, possivelmente com o intuito de implorar bênção e proteção para aquela habitação ou estrutura.

Enfim, há ainda espaço para discordância e controvérsia, embora esse espaço pareça estar cada vez menor e cada vez mais restrito aos textos mais sensacionalistas. De novo esbarramos aqui na questão das fontes: temos pouca coisa, o que temos foi, com frequência, fabricado muito tempo depois e, por fim, não poucas leituras que hoje parecem "clássicas" são, na verdade, fruto de uma luta política que está ligada à construção de uma identidade nacional. Nesse sentido, a religião celta é única. Ela é, ao mesmo tempo, passado e presente e faz parte não só da crença do que foi, mas das possibilidades do que se quer que seja. Talvez por isso ela seja ao mesmo tempo tão fascinante e tão difícil de descrever.

CULTO À NATUREZA, BOA MORTE E RAGNARÖK: A RELIGIÃO VIKING

O termo viking provavelmente deriva de *Vik*, nome de um fiorde que existe em Oslo, na Noruega. O designativo *viking* é utilizado de maneira indiscriminada para indicar o grupo de habitantes da Escandinávia pré-cristã, cuja principal característica era sua dedicação à agricultura e à navegação. Esta última se desenvolveu tanto para conquista e saque quanto para colonização e estabelecimento de importantes rotas comerciais pela Europa e até mesmo, temporariamente, em direção à América. Dentre os povos que descreveremos, os vikings são os mais novos e sua era, ou seja, o período histórico em que essa sociedade assim configurada, encontra seu auge durante a Idade Média, entre os séculos IX e XI.

Os vikings são um povo de origem germânica e muitos aspectos de sua organização social e de suas crenças refletem organizações sociais e crenças anteriores a eles, denominadas proto-germânicas. Sua religião era politeísta e bastante natural, pouco estruturada em termos de instituição e permeava todos os aspectos da vida, incluindo o direito e a economia. Os juramentos e os contratos, por exemplo, eram supervisionados pelos deuses e por entidades divinas específicas, que garantiam a palavra e a segurança do negócio.

Os principais responsáveis pelas práticas religiosas entre os vikings eram os chefes de família, uma vez que sua religião era bastante ligada à estrutura familiar. Os líderes militares e os chefes políticos exerciam, por vezes, a função religiosa no grupo, mas como extensão de seu papel de chefe familiar, ou seja, entendendo o grupo como sua família. Não é que não houvesse sacerdotes, mas não parece que estes formassem uma classe social específica ou um grupo iniciático que tivesse a incumbência de zelar por um conjunto de regras e de aplicar treinamentos específicos. Exerciam talvez suas funções ocasionalmente e é provável que sua atuação ocorresse apenas nos grandes festivais, que estavam ligados aos eventos astronômicos mais relevantes, como os equinócios e os solstícios. Os principais festivais vikings eram três: um em comemoração à chegada do inverno, outro na celebração do solstício de verão, que estava ligado ao crescimento da lavoura, e o último, no meio do verão, ligado à vitória.

Dentre esses festivais, quando nos referimos àquele ligado à chegada do inverno, precisamos abordar a eventual prática de sacrifícios humanos. Vimos que, ao falar sobre os celtas, há disputas entre os estudiosos em relação à existência ou não dessa prática. Entre os vikings, por sua vez, há mais evidências, tanto literárias quanto históricas e arqueológicas.

Se não havia sacerdotes propriamente ditos, havia adivinhos, xamãs, praticantes de magia ou *seiðr*. A magia parece ter sido uma parte intrínseca da crença e da religiosidade viking e se encontra descrita em diversas passagens das *Eddas*, poemas épicos de origem oral, registrados na Islândia entre os séculos XI e XIV, e que compõem parte do corpo de fontes que nos permite conhecer melhor a sociedade viking. Aparentemente, o *seiðr*, ou canto, era uma prática notadamente feminina e funcionava a partir da lógica do clientelismo. As xamãs viviam um tanto à parte da sociedade, mas eram consultadas mediante pagamento. Elas se dedicavam não só à prática divinatória, mas também, aparentemente, à bênção de objetos mágicos protetores.

Os vikings não tinham sacerdotes, não tinham uma instituição religiosa nem um livro sagrado. Não parece também que tenham sido construtores de grandes templos, embora haja resquícios arqueológicos de algumas edificações. Na maior parte das vezes, supõe-se, praticavam seus rituais ao ar livre, nos espaços naturais sagrados. A relação dos vikings com a sacralidade da natureza parece ter sido bastante forte e importante e se encontra presente inclusive nos vários símbolos de seus deuses e de sua mitologia.

> Entre os deuses, havia dois grupos principais: *aesir* e *vanir*. O clã dos *aesir*, chefiados por Odin, era de guerreiros natos que habitavam Asgard, um dos nove mundos mitológicos. Volta e meia, entravam em con-

> flito com o outro grupo. Associados à natureza e à feitiçaria, os *vanir* viviam em Vanheim e não eram dados à guerra. Para garantir a paz, alguns *vanir* viraram reféns dos deuses guerreiros. As divindades nórdicas se apaixonavam, casavam, traíam e se separavam, sem maiores traumas. Além disso, eram mortais. Havia deuses sem pai conhecido, ou com nove mães, outros cegos, sem olho, braço, rosto desfigurado e com enorme pênis, objeto também de culto (SUPERINTERESSANTE, 2015, 52).

O deus mais importante dos vikings era *Odin*, chefe do clã *aesir* ou asgardiano (habitantes de Asgard, a terra dos deuses). Junto com seus irmãos, *Vile* e *Vé*, *Odin* assassinara o gigante *Ymir* e de seu corpo criou o universo, que dividiu em três níveis (dos deuses, dos seres humanos, e os submundos, dos mortos) e em nove mundos. *Odin* casou-se com *Frigg*, com quem teve três filhos: *Balder*, *Hermond* e *Hoder*. Teve também outras mulheres e amantes e, portanto, outros filhos. Montava um cavalo mágico de oito patas, *Sleipnir*, e era constantemente acompanhado por dois corvos, *Huginn* (o pensamento) e *Munninn* (a memória). Caolho, *Odin* sacrificara um de seus olhos para obter o conhecimento das runas (a escrita nórdica). Era constantemente representado portando sua lança mágica, *Gungnir*, em alusão a seu caráter guerreiro.

O filho mais popular de *Odin* era *Thor*. Bastante conhecido por suas proezas na guerra, era chamado, muitas vezes, para lutar contra os gigantes de *Jotunheim*, um dos nove mundos. Vencia com frequência as forças do mal e assim adiava o fim do mundo. *Thor* carregava consigo *Mjöllnir*, o martelo mágico, causava tempestades e estava ligado aos raios e aos trovões. Sua maior inimiga era a filha de *Loki*, *Jormungand*, a grande serpente, com a qual travaria a última grande batalha, o *Ragnarök*, que traria consigo também a extinção dos deuses. É importante lembrar que, para os vikings, o tempo era cíclico e que o fim dessa era não era o fim do mundo, como compreendemos em termos cristãos, mas sim o fim de um ciclo que daria início a outro.

Loki é uma figura bastante interessante no panteão viking. *Trickster*, parece ser amoral, estar acima do bem e do mal e, em suas histórias, tanto ajuda quanto atrapalha e até mesmo faz mal aos deuses. Em algumas narrativas, por exemplo, é ele quem engana *Hoder*, o irmão cego para que mate *Balder*. Certo que em outras narrativas, o assassinato de *Balder* está ligado a uma disputa pela conquista de *Nanna*, mas esse tipo de comportamento de *Loki* não parece ser inesperado nem impossível. *Loki* teve com a gigante *Angerboda* três filhos, todos monstruosos: o lobo gigante *Fenrir*, a serpente *Jormungand* e *Hela*, deusa do *Hel*, o mundo dos mortos e da morte em si.

> Hel, o mundo subterrâneo nórdico, era embaixo da terra, um território dos mortos governado pela ater-

> rorizadora deusa Hela, filha de Loki; ela parecia um cadáver apodrecendo, metade cor-de-carne, metade negra, com a cabeça parcialmente ausente e caindo para a frente. A jornada para Hel era longa e árdua, pois a estrada estava envolta em névoa e trevas e atravessava florestas, montanhas e rios perigosos. Os viajantes ao mundo subterrâneo passavam sobre a Ponte do Eco, que ressoava com determinado som quando os mortos a atravessavam e outro diferente quando os vivos a atravessavam. Uma giganta guardava a ponte, desafiando todos os que a atravessavam. No final da estrada havia um portão alto separando as terras dos vivos e as dos mortos, guardados pelo cão monstruoso Garm, que impedia a entrada dos vivos; os deuses podiam alcançar Hel com menos dificuldade ao assumir a forma de pássaros, mas, mesmo para Sleipnir, o cavalo mágico de oito patas de Odin, a jornada levava nove dias e nove noites (IONS, 1999, 130-1)

Além de *Hel,* havia também outro espaço de vida pós-morte nessa religião que era profundamente extraterrena: *Valhala* ou *Valholl,* um palácio para onde se encaminhavam os guerreiros mortos em batalha. Lá se juntavam a *Odin* e às valquírias, em celebração contínua, até que fossem chamados a participar também eles do *Ragnarök.* É sempre difícil falar sobre a real importância do *Valhala,* visto que muitas das fontes de que dispomos falam sobre guerreiros e, portanto, enfatizam a boa morte. Também as evidências arqueológicas tendem a nos revelar guerreiros e reis, para quem a boa morte era uma busca real. Precisamos, contudo, nos perguntar pelos fazendeiros, que eram a base da sociedade viking. Afirmar categoricamente que eles consideravam a perda do *Valhala*, em decorrência de uma morte por velhice ou por doença, uma grande tristeza ou até mesmo uma vergonha é temerário e deve ser evitado, embora, muitas vezes, seja justamente isso que encontramos quando se fala dos vikings; isso se deve, em parte,a distorções transmitidas por leituras popularizadas pelos quadrinhos, pela televisão e pelo cinema.

As valquírias, sobre as quais falamos brevemente acima, eram servas de *Odin*, além de guerreiras e acompanhantes dos mortos em batalha no *Valhala*. Junto com os gigantes, elas formavam também um conjunto de seres que faziam parte das crenças religiosas vikings, mas que não dizem respeito aos deuses. Além de valquírias e gigantes, "havia outros personagens mais mundanos, mas que ajudavam no enredo mitológico. Anões e duendes eram exímios ferreiros e artesãos. Os elfos eram criaturas iluminadas, que gozavam de uma vida boa e sem maiores preocupações" (SUPERINTERESSANTE, 2015, 52). Note-se que estamos falando de figuras que apareceram também em outras crenças, por exemplo, entre os celtas.

Outra categoria de criaturas que permeia o folclore escandinavo e que se relaciona diretamente com a mitologia viking são os *trolls*. Antropomórficos, são descritos de maneira grotesca, com narizes gigantes e, às vezes, com caudas. Vivem nas cavernas e nas grutas subterrâneas e costumam ser entendidos como maldosos e pouco higiênicos. Habitantes de *Midgard*, como os seres humanos, os *trolls* frequentemente tramavam para conseguir roubar de *Thor* o martelo mágico. Existe, inclusive, uma história que conta a quase vitória dos *trolls*. Foi *Loki* quem arquitetou o plano para reaver o objeto mágico, convencendo *Thor* a vestir-se de noiva e assim desposar o rei dos *Trolls* que, semicego e bastante estúpido, deixou-se ludibriar – *Loki* lhe disse que a noiva era *Freyja*, a belíssima deusa da fertilidade, do sexo e do amor – e, no banquete de casamento se embebedou e permitiu que sua corte se embebedasse o suficiente para que o deus *aesir* pudesse reaver seu martelo e fugisse da gruta dos *trolls*, deixando para trás um rei enfurecido e enganado.

Perto do ano mil, o mundo viking passou por profundas transformações. Os normandos conquistaram a Inglaterra e davam início à reestruturação das ilhas, o que levaria os vikings a perder seu poder político e seu trânsito com os assentamentos que haviam fundado na região. Além disso, o cristianismo se fazia cada vez mais presente na vida desses navegantes e mercadores, até que, por fim, seus líderes se converteram. Na região da Rússia e da atual Ucrânia, onde os vikings haviam se estabelecido, fazendo de Kiev um espaço próprio deles, a cultura eslava se tornava cada vez mais hegemônica e esse processo se intensificou quando em 988, Vladmir, o Grande, líder de Kiev, se converteu ao cristianismo ortodoxo, tornando-a a religião oficial e adotando o eslavo como língua de seus domínios. O povo local seguiu o exemplo de seu governante de forma relativamente orgânica. Na Islândia, a mudança parece ter sido bastante pacífica, fruto da aceitação das missões cristãs. Já na Noruega, o processo foi bem mais violento. Quando os líderes Olavo Tryggvason e Olavo Haraldsson (também chamado de Santo Olavo, o Forte) se converteram (mais ou menos no ano mil), impuseram à força da espada a nova fé aos seus súditos. E de lá o cristianismo se espalhou por outras áreas vikings. De maneira geral, os estudiosos entendem que a cristianização da Escandinávia marca o fim não só das crenças nos deuses *aesir*, mas também do mundo viking que, a partir de então, passa a aparecer nas fontes como mundo escandinavo ou então somente pelas referências às nascentes nações que o compunham: Noruega, Suécia, Dinamarca e Islândia.

O FIM DE UMA EXPERIÊNCIA

O politeísmo ainda existe na sociedade contemporânea. O hinduísmo, por exemplo, é uma religião politeísta, cuja prática permeia parte da sociedade indiana e que conta milhões de fiéis, inclusive aqueles em diáspora. Diversos povos autóctones das Américas, que lutam por sua sobrevivência e reconhecimento, mantêm crenças politeístas milenares. Além disso, assistimos também ao surgimento de um movimento a que podemos chamar, como termo guarda-chuva, de neo-pagão. De maneira geral, podemos definir o neo-paganismo como um grupo de religiões influenciadas pelos politeísmos pré-cristãos, normalmente indo-europeus na origem. A exata relação entre essas religiões neo-pagãs e o politeísmo antigo, sobre o qual discorremos aqui, é, muitas vezes, discutida e fonte de muita tensão entre praticantes e estudiosos.

Existem duas grandes categorias de religiões neo-pagãs, politeístas. Uma delas é a vertente sincrética que abarca práticas inspiradas em diversos rituais e deidades politeístas pré-cristãs, além de conversar com tradições folclóricas e de beber em várias fontes ao mesmo tempo. Interlocutoras dos Novos Movimentos Religiosos, essas práticas se ligam a comportamentos bastante típicos da pós-modernidade e se configuram em torno da ideia de que cada indivíduo é livre para explorar sua espiritualidade como melhor lhe aprouver, trazendo crenças, práticas, símbolos e referências de diversas religiões, de acordo com suas próprias necessidades e preferências. Já a outra vertente, tem uma proposta com uma faceta mais política; está intimamente ligada ao romantismo do século XIX e se traduz por uma busca de um renascimento das religiões que foram, ao longo dos séculos, esquecidas pela conversão ao cristianismo.

Esse movimento teve início entre os povos germânicos e foi particularmente marcado pelo *revival* viking nas ilhas britânicas e na Escandinávia, incluindo a Islândia. Vejamos o que nos diz o professor Johnni Langer, maior especialista no tema, em seu capítulo sobre os Vikings no livro *Religiões que o mundo esqueceu* (2009):

> O renascimento do paganismo nórdico foi efetuado a partir do século XIX, com o advento das nacionalidades modernas, do culto ao passado e do despertar das antigas literaturas. Em especial, um dos movimentos de reconstrução do paganismo denominado *Asatru* ("verdade dos ases" [conjunto familiar de deuses a que pertence, por exemplo, Odin]), desde os anos 1970 foi reconhecido oficialmente na Islândia e posteriormente em outros países. Outras formas de

> religiosidade escandinava, como o odinismo, chegaram inclusive a ser parte importante de muitas sociedades secretas na Alemanha (in FUNARI, 2009, 142).

O século XIX também viu o surgimento de uma série de ocultismos no Ocidente, particularmente na Inglaterra. Aqui estamos falando de sociedades como a Sociedade da Ordem Hermética da Aurora Dourada ou então a *Ordo Templi Orientis*. Muitos autores famosos e personalidades conhecidas, como William Butler Yeats e Aleister Crowley, fizeram parte dessas sociedades que, em suas crenças, práticas e símbolos, trouxeram consigo referências importantes ao Egito Antigo, que procuraram fundir, de uma forma ou de outra, ao druidismo e às manifestações religiosas de referência celta.

A maior parte das religiões neo-pagãs tem raízes na crítica ao cristianismo, que teria roubado o mundo das experiências religiosas distintas (independente da conversão ter acontecido de maneira violenta ou pacífica) e afastado os seres humanos de suas raízes e de seus contextos. A busca por raízes e contextos é um traço importante das religiões neo-pagãs, que, por conta disso, costumam estar muito ligadas à natureza e à terra. A maior parte dos neo-pagãos não acredita na construção de templos ou na institucionalização de suas crenças e, embora muitos deles pratiquem rituais em grupos, os *covens*, o aspecto individual da busca espiritual costuma ser bastante enfatizado e lembrado.

Não podemos falar sobre religiões neo-pagãs sem passar pelo druidismo e pela *Wicca*, cujas origens remontam à década de 1950, mas que se estruturam como uma prática religiosa que reclama suas raízes diretamente das práticas religiosas celtas. É sempre difícil nomear o fundador ou a fundadora da *Wicca*. Sabemos que, em 1952, a autora Margaret Murray promoveu a ideia de que algumas das bruxas perseguidas pelo cristianismo medieval representariam, na verdade, traços de permanência de práticas anteriores à conversão, que remontavam ao xamanismo dos povos celtas. Nessa mesma linha, Gerald Gardner, também nos anos 1950, retomou a temática das bruxas em uma série de livros que, se não foram os fundadores da *Wicca*, ao menos têm o papel de terem-na tornado conhecida e de terem feito parte de seu rápido crescimento em número de adeptos, não só na Europa, mas também nos Estados Unidos, onde se estima que seus praticantes cheguem quase a um milhão.

O que podemos perceber é que existe, em relação a algumas crenças politeístas do passado, um momento de ruptura claro, que é o da conversão para o cristianismo. A conversão direta de vikings e de celtas, que aconteceu ainda durante a Idade Média, é uma realidade e faz parte não só da história religiosa como também política de lugares como Irlanda, Escócia, País de Gales, Suécia, Dinamarca e Noruega. Em muitos desses lugares, os cristianismos que se desenvolveram estabeleceram relações complexas com as crenças anteriores, ora dialogando com elas e com seus resquícios (as fadas na Irlanda, por exemplo), ora impondo esquecimentos e abandonos, considerando essas crenças como superstições que precisavam ser superadas. Em Roma, vimos, o embate foi anterior e mais duro; a perseguição e a destruição dos templos e das práticas pagãs parece ter sido um pouco mais sistemática, talvez pela proximidade com o centro do novo poder institucional, que era a Igreja cristã que se formava.

O cristianismo, contudo, não é a única religião envolvida com o fim das experiências politeístas sobre as quais discorremos aqui. O zoroastrismo, por exemplo, encontrou, no crescimento do Islã e na conversão da Pérsia a essa religião, seu maior adversário. As duas fés parecem ter convivido de maneira relativamente pacífica, salvo atritos pontuais até o século X. Nesse momento, porém, revoluções, que eram também políticas,se desencadearam no atual Irã, que se levantava contra a conquista árabe. As revoltas foram duramente combatidas e muitos dos insurgentes decidiram por abandonar o país. Assim, o zoroastrismo, que surgira como uma religião regional na Antiga Pérsia, migrou com seus praticantes para a Índia, particularmente para a região de Bombaim. Alguns praticantes ficaram na terra natal e ainda hoje sobrevivem no Irã, em comunidades menores, conhecidas como *parses* (ou *parsis*), normalmente menos abastadas e bastante perseguidas.

Hoje em dia, estima-se que existam cerca de 300 mil praticantes do zoroastrismo, dos quais 2/3 são *parses* e 1/3 são seguidores indianos do zoroastrismo. Na Índia, a comunidade zoroastriana é bastante fechada, costuma praticar o casamento endogâmico (os membros da religião casam-se entre si) e não encorajam o proselitismo (ou seja, não estimulam o trabalho de pregação e conversão). Os zoroastrianos iranianos veem sua religião como menos étnica e mais universal e, por causa disso, são mais propensos a aceitar convertidos. Em 2003, a Organização das Nações Unidas (ONU) comemorou oficialmente os 3 mil anos da religião. Além da Índia e do Irã, pequenas comemorações aconteceram também no Reino Unido, no Canadá, na Austrália e no Golfo Pérsico, onde, estima-se que existam pequenas comunidades zoroastrianas. A maioria dessas comunidades é diminuta (de 2 até 6 mil praticantes), à exceção dos Estados Unidos, onde os números são um pouco mais expressivos (em torno de 11 mil praticantes). Além disso, em 2016, houve a inauguração do primeiro templo zoroastriano no Iraque, o que indica que essa comunidade também está em crescimento.

Enfim, os politeísmos não desapareceram. Certamente, não são mais religiões dominantes como já o foram, e os monoteísmos - particularmente o cristianismo e o islã - dominam a organização social, política e econômica tanto no Ocidente quanto em boa parte do Oriente; contudo, não são também página virada. Embora não haja, à exceção do zoroastrismo, uma continuidade concreta de crenças e práticas sumerianas, assírias, egípcias, gregas, romanas, celtas ou vikings, existem até hoje releituras e referências que fazem parte de nosso imaginário e que se encontram cotidianamente em manifestações culturais e midiáticas, sejam elas livros, séries, filmes ou músicas.

Com isso, chegamos ao fim do nosso volume, esperando que o leitor tenha aproveitado sua jornada conosco. Procuramos, nesse texto, discutir as principais características das crenças politeístas de forma geral, sem perder de vista as particularidades que cada sociedade adquiriu em seu espaço e tempo específico.

Esperamos que esse texto tenha feito o leitor viajar no tempo e voltar para uma época em que a natureza se manifestava de maneira antropomórfica na vida cotidiana das pessoas e de suas organizações sociais. Além disso, esperamos que o leitor tenha podido descobrir um pouco mais sobre as diferentes relações que se estabeleceram, nas sociedades sobre as quais discorremos, entre as esferas privadas e públicas e sobre como a religião fez parte, para esses povos, mais do que de sua vida íntima, também da vida política do grupo.

O que é politeísmo procurou aproximar nomes, fatos e práticas distantes no tempo e no espaço de cada um de nós, tornando-os mais humanos e construindo pontes com nossos próprios anseios, desejos e aspirações. Oxalá esse volume tenha sido tão ilustrativo quanto curioso e que tenha fomentado novas reflexões e trazido novos conhecimentos.

REFERÊNCIAS BIBLIOGRÁFICAS

BLAINEY, Geoffrey. *Uma breve história do cristianismo*. São Paulo: Fundamento, 2012.

CHADWICK, Nora K. *The Celts*. Nova Impressão. Londres: Penguin Books, 1997.

CHENEY, Sheldon. *História da arte: da pré-história à arte romana*. São Paulo: Rideel, 1995.

ELIADE, Mircea e COULIANO, Ioan A. *Dicionário das religiões*. 2ª edição. São Paulo: Martins Fontes, 1999.

FRANCO, Clarissa de. *A cara da morte*. Aparecida: Ideias & Imagens, 2010.

FUNARI, Pedro Paulo. *As religiões que o mundo esqueceu*. São Paulo: Contexto, 2009.

IONS, Verônica. *História ilustrada da mitologia*. São Paulo: Manole, 1999.

JOHNSON, Allan G. *Dicionário de sociologia*. Guia Prático da Linguagem Sociológica. Rio de Janeiro: Jorge Zahar, 1997.

KRIWACZEK, Paul. Babilônia. *A Mesopotâmia e o nascimento da civilização*. Rio de Janeiro: Zahar, 2018.

LISSNER, Ivar. *Assim viviam nossos antepassados*. Belo Horizonte: Itatiaia, 1959.

RIGHI, Maurício G. *Pré-história e história: as instituições e as ideias em seus fundamentos religiosos*. São Paulo: É Realizações, 2017.

SCHULZ, Matthias (Ed.) *Egipto: o mundo dos faraós*. Alemanha: Konemann, 2001.

WILDUNG, Dietrich. *O Egito: da pré-história aos romanos*. Lisboa: Taschen, 2001.

Sobre o autor

Tatiana Machado Boulhosa nasceu e cresceu em São Paulo, capital. É Doutora em Ciências da Religião pela Pontifícia Universidade Católica de São Paulo e membro do *Insulæ*, Grupo de Estudos sobre Britânia, Irlanda e Ilhas do Arquipélago Norte, na Antiguidade e Idade Média. Historiadora, trabalha com História da Religião e atua profissionalmente na formação de professores, nos cursos de Licenciatura.